대한민국 기자

대한민국 기자

김영수 지음

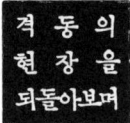
격동의 현장을 되돌아보며

세계사

머리말 10

하라하찌부腹八分와 나폴레옹의 무지개

01. 내가 만난 첫 시국사건 16
02. 하라하찌부(腹八分)와 나폴레옹의 무지개 22
03. 지각대장의 고등학교 재수(再受) 28
04. 한국전쟁 최전선(最前線)의 소년 노무자 37
05. "잘 했다. 참 잘 했어." 40
06. 고학을 거듭한 대학생활 48
07. 사람 인연, 시절 인연 58

열정의 시, 분, 초

01. 한일회담이라는 코끼리 – 코끼리 사냥 **70**
02. 출세한 아들, 주미대사와의 공중 대담 **79**
03. 『경향신문』 강제 폐간과 필마단기 **85**
04. 혁명 취재 **94**
   - 신익희와 조병옥의 급서
   - 무엇을 상상하든 그 이상 – 부정선거의 풍경
   - 1차 마산 사건
   - 이강현 선배
   - "이 사람 사상이 의심스럽네!"
05. 내가 만든 새로운 취재용어 '도꾸누끼(特拔き)' **113**
06. 5·16과 재건운동본부 명단 사건 **118**
   - 수녀원의 청일점
   - '희망사'란 이름의 중정 분실
07. 기자협회 창립과 언론악법 저지 투쟁 **127**
08. 차지철과 멱살잡이 한판! **147**
09. 울면서 취재한 민생기사, 「현실」 **153**
10. 국경일에 태극기 달기가 퍼진 내력 **161**
11. 신문사의 피처 & 캐처, 그리고 경기장 밖 그들의 행로 **164**

三 베테랑 기자의 감感·감敢·감甘

01. 김종필 총재와의 인연 174
    - 4대 의혹 사건과 공화당 창당의 막전막후
    - 풍운아에겐 미안한 특종상
    - 장개석 총통과의 만남
    - "각하, DJ를 이기려면 JP가 있어야 합니다."
    - 이데올로그 역할

02. 한·미 정상회담의 백악관에서 스케이트를 타다 194

03. 『중앙일보』 창간 에피소드 201

04. 정치부 기자들이 신발로 치는 신년(新年) 점과 운수대통 206

05. 나는 새도 떨어뜨릴 사람을 떨어뜨린 격 212

06. 커티삭 술잔에 담아 건넨 쓴소리, "각하는 이제 멀게 느껴집니다." 217

07. 도둑맞은 특종 222

四 내 인생의 특종 – 유학과 결혼

01. 만감 교차, 미국 가는 길 **228**

02. "놀자!" 하고서도 명강의만 찾아들은 사연 **231**
    - 생전 처음 열등생이 되어
    - 과학 석학 김완희 박사와 대통령의 친서

03. 1969, 미국의 스산한 풍경 **238**

04. 대도(大盜)의 특종, 아내 **246**

五 MBC 보도국과 나, 아낌없는 상호 수혈(輸血)

01. 죄 : 바둑 잘 둠 & 벌 : 문화방송 보도국장 취임 **256**
02. 신문사 vs. 방송 보도국 – 양대 매체 비교 **261**
03. 죽은 내 모습을 보다 – 금연 **268**
04. 판문점 미루나무 사건과 보안사 조사실 **272**
05. MBC 단독 보도, 육영수 여사 피격 사건 **280**
    - '바로 이거다', 유일한 저격 장면 테이프
    - 경호실장이 용감은 했지만—육 여사 죽음의 빌미
    - 단상(壇上)에 인영(人影)이 불견(不見)
    - "모두 숨어!"
    - 청와대 반응
06. 소련 령, 무르만스크 호수 위의 KAL기 불시착 사건 **298**
07. 경찰 경비행기 추락사건

    – "기영아, 마지막으로 녹음기 열어 놔라." **304**
08. "오늘만은 뉴스 빠뜨려도 문제 삼지 않겠다." **309**

3등 국회의원 열하고 보도국장 하나를 안 바꾼다

01. "각하가 자네 잡아 오란다." 314
02. 박 대통령과의 독대 아닌 독대 321
03. 3등 국회의원 열보다 보도국장 하나 325
04. 10·26 당일, 그리고 박 대통령과 김재규의 오랜 우정 332
05. 박정희 대통령의 공과(功過) 336
06. 격동의 1980's 344
   - '나기브'가 아니라 군 후배에게 쫓겨난 '나세르', JP
   - 정계 진출 제의를 거부하고
   - 『경향신문』 노조와 파란의 경영사
   - "노태우 저거…… 천학비재(淺學菲才)야!"
   - MBC 사장 취임
   - 한국방송개발원장
   - "우리가, 남이가!" - 그래, 남이다

맺음말 363

머리말

1979년 10월 27일 새벽.

그 늦가을 새벽의 고즈넉하고 서늘한 실내 공기를 가르며 전화벨이 울렸다. 날도 밝기 전에 울리는 전화벨 소리에는 누구라도 가슴이 철렁하게 되는 법이다.

나는 잠결에 시계 알람인 줄로 알고 눈을 떴다가 '엇타, 웬 전화가…….' 하는 불길한 마음에 잠이 확 달아났다.

전화를 걸어온 사람은 전임 중앙정보부 판기(판단기획) 국장 김영광이었다. 그 직책 수행 당시엔 여당 국회의원들도 그 앞에서 절절 맬 정도로 막강한 권한을 누리던 이다. 그러다 정보부 옷을 벗고 10대 국회의원을 지내고 있었다.

내가 전화를 받자 그는 대뜸 이렇게 말했다.

"어이, 박 대통령 돌아가셨어."

순간 내 머릿속에 제일 먼저 떠오른 생각은 이것이었다.

'아, 이제 이 나라도 조용하게 됐구나.'

묘했다. 참 묘한 일이었다.

젊은 기자 시절엔 4·19, 5·16의 역사적 현장 취재를 하며 그에 대한 반감도 가졌었지만, 그 후 경제발전 현황을 보며 그러한 반감은 상당히 수그러들어 있었는데도 그의 부고를 접한 첫 느낌이 그러했으니. 경제와는 별개로 박정희 대통령이 정치적으로는 심한 억압과 전횡을 했던 것 역시 사실이었고, 그런 모습을 나는 누구보다 가까이서 오랫동안 지켜봐왔던 차여서 내 무의식에 남아 있던 감회가 그렇게 표출되었지 싶다.

나는 나도 모른 새 읊조리듯 말했다.

"이제 세상이 좀 조용해지려나……. 이렇게 또 한 시대가 저물고 있구나."

깊은 감회가 올라왔다.

10·26 당시엔 내가 언론 현업에서 떠나 있을 때였지만 본질적으로, 그리고 언제나 나는 기자였다. 평생 천직으로 알고 달려왔던 기자로서의 삶이었다. 기자 의식은 현업을 떠나 다른 일을 할 때도 내

게서 떨어지지 않았고, 따라서 세상이 흔들리면 그 흔들림을 누구보다 민감하게 느꼈다. 세상이 시끄러우면 언제나 그 소음이 가장 크게 들렸다.

그랬기에 이젠 좀 조용해지려나, 하는 바람과 기대를 가졌던 것인데……. 그 후 세상은 되레 정반대로 돌아갔다.

일제 강점기와 한국전쟁을 거치며 어렵게 자랐던 내 어린 시절은 차치하더라도, 대학 졸업 후 기자로 사회에 나온 이래 내 청춘, 내 인생은 우리나라의 숱한 격동기와 한 몸뚱이로 얽혀왔다. 더욱이 나는 정치부 기자로서 중앙 일간지와 문화방송 보도국을 두루 거쳤던 것이니 늘 긴장을 늦출 수 없었다. 조금 과장을 하자면 전쟁 같은 삶이었다 해도 될 성 싶다. 그런 와중, 특종에 신명이 났고 나라와 사회의 진보에 환호했으며 때로 경제와 민주주의가 퇴조하는 모습에는 개탄과 좌절을 하기도 했다.

그렇게 내 한살이를 지내왔고, 격동하는 우리 현대사를 객관적으로 지켜볼 수 있었으니 나는 행운아라 할 만하다. 어떤 사건의 경우엔 아직까지도 나만 아는, 나만이 느낄 수 있었던 내막과 꺾임목들도 있다.

이제 내 나이 팔순에 접어들고 보니, 그러한 내 평생의 행운과 기자로서 드물게 목격했던 우리 현대사의 주요 사건들을 많은 이들과 나누어야겠다는 의무감이 들곤 했다. 더 늦기 전에 그리 하는 것이 기자로서의 마지막 소임 같다.

늘 취재원의 맞은편, 카메라 렌즈의 뒤편에 나는 서 있었고 그 입장에서 글을 써왔기에, 막상 내 책을 내려니 처음엔 좀 어색하고 쑥스럽기도 했다. 하지만 내가 지나온 발자취는 단순히 나 개인만의 것이 아닐 수도 있다는 점, 그렇다면 이 역시 어느 정도 거리를 두고 기록을 하지 않으면 안 되겠다는 새삼스런 각성이 용기를 내게 하였다.

모쪼록 이 책이 후배들 가는 길에 작으나마 든든한 발판 구실을 할 수 있다면,
우리 현대사의 이면(裏面) 기술에 조각 자료라도 보탤 수 있다면,

나는 행복할 것이다.

2015년 3월
과천에서 텃밭을 바라보며
김영수

하라하찌부 腹八分와 나폴레옹의 무지개

01.
내가 만난 첫 시국사건

탕, 탕!

잠결에 아련한 소리가 들려왔다.

잠에 취한 12살 소년의 귀에는 그것이 총소리라기보다는 그저 한밤 가을바람에 떨어지는 밤송이나 감 떨어지는 소리 정도로 들렸다. 그러나 잠을 깨우기엔 충분한 크기이긴 했다.

뭔가 터지는 그 소리들에 이어 들려온 건 누군가의 다급한 달음박질 소리였다. 그 달음박질이 우리 집 쪽으로 점점 다가오는 듯싶더니 이윽고 뭔가 육중한 것이, "쿵." 하고 마당으로 뛰어내리는 게 아닌가. 우리 가족은 모두 움찔해 있었고 나는 어머니를 꼭 끌어안았다.
　누군가 우리 방문 고리를 두드리며 소리 죽여 말했다.
　"나 병건이다. 문 열어 도. 문 좀 열어 도!"
　남자 어른의 목소리였다. 몹시 다급한 음색이었다.
　병건이? 모르는 사람인데…….
　뭐가 뭔진 모르지만 하여튼 심상치 않은 일이 벌어지고 있다는 건 알 수 있었다. 어머니가 망설이다 방문 고리를 열자마자 '병건이'는 후다닥 뛰어 들어와 대뜸 남의 집 벽장으로 들어가 숨는 것이었다.
　그는 우리 동네 사는 '똥바우' 아저씨였다.
　옛날에는 좀 먹고산다 하는 집안일수록 귀한 자식을 낳으면 그 아기 때 이름을 일부러 허드레로 짓는 경우가 많았다. 한자(漢字)를 일부러 안 쓰고 주로 개똥이니, 수캐 따위 정갈치 않은 사물을 이름으로 가져다 쓴 것이다. 그래야 혹시라도 명이 짧을 경우 저승사자가 데려가지 못한다고 여겼다. 한자를 안 썼으니 저승 명부에 기록될 수 없고 더러운 것 명칭을 그대로 쓰니까 저승사자도 피해갈 거라나. 사람들이 모두 실제로 그럴 거라고 믿진 않았겠지만 유아 사망률 높은 시절의 서민들 사이 민속이 그랬다.

그랬으니 병건이라는 이름의 마을 청년을 나는 그저 '똥바우'로만 알고 있었던 것이다.

똥바우가 벽장 속으로 뛰어든 직후에도 바깥 골목에선 총소리가 그치지 않았다. 좀 전보다 훨씬 요란하게 쏘는 소리였다. 사람들이 지르는 고함 소리도 들렸다. 한데 그들이 쓰는 말의 억양이 이상했다.

"놓쳐부렸네."

"못 잡았다. 미꾸라지 같은 놈이구먼."

그건 그때까지 대구 근방에서 들어본 적이 없는 말투였다. 나중에 알고 보니 그들은 충청도에서 특별 차출되어 파견된, 타지 경찰들이라고 했다.

나는 어린 나이에도 사건이 대충 어떻게 돌아간 건지 나름 감을 잡을 수 있었다.

그즈음 나는 동네 친구들과 함께 인근 경찰서와 보안주임 관사 등지를 거칠게 뒤지거나 부수기도 하던 사람들을 따라다니며 구경하곤 했었는데, 경찰이 이제 그 사람들을 잡아다 혼내주려는 거라고 생각했던 것이다.

당시 대구에는 커다란 시위 사건이 소용돌이 치고 있었다. 이른바 '대구 10월 사건'이다.

1946년, 해방 직후 미 군정청은 친일 관료나 지주들을 처벌하기는커녕 그대로 중용해버렸다. 그들 외에 다른 사람들은 이렇다 할 교육을 받은 적이 없으니 이방인인 미군 입장에선 당장 행정실무를 맡길 사람이 궁했다. 그러다 보니 과거 이력이야 어쨌든 당장의 자기들 편의를 위해 그들을 그대로 데려다 썼던 것이다. 게다가 자천(自薦)—자기 스스로를 관료로 추천하는 제도—까지 있어서, 어제의 친일 관료가 스스로를 능력 있는 사람으로 내세우며 더욱 버젓이 활보하고 쉽사리 군림할 수 있었다. 이게 문제였다. 그들을 바라보는 뜻있는 어른들 심사가 어땠을까.

그런 감정상의 문제만 있었던 것도 아니다. 정부에서 거의 강제로 쌀을 징수해가서 서민의 불만은 최고조에 이르러 있었다. 우리 군의 군수도 자천 군수였는데 그는 성난 군중에게 머리가 깨져 도망을 쳐버렸다.

대구 시민들의 이러한 시위는 급기야 경남북 전체를 휩쓸었다고 한다. 아닌 게 아니라 내가 아무 것도 모른 채 성난 어른들을 따라다닐 때만 해도 세상은 온통 시위대의 것이었다. 한 이틀 가량 그랬던

1946년 10월 1일 대구시민들의 시위
'쌀이 아니면 죽음을 달라'며 기아행진을 하고 있다. 출처 : 10월항쟁유족회

것 같다. 이때 경상도 지역 경찰은 시위대에 밀려 다 도망을 가서 정부에서는 충청도 경찰을 투입할 수밖에 없었다고 한다. 똥바우를 잡으러 왔던 경찰들이 충청도 억양을 썼던 건 바로 그런 연유에서였다.

똥바우는 그 후 면 의회 의장을 하던 자기 형의 권유로 자수를 했다는데 얼마 안 가 죽고 말았다. 오랜 경찰 심문 끝에 골병들어 죽었다는 말도 있었다.

내가 국민학교에서 중학교 들어가던즈음—그땐 초등학교가 아니라 '국민학교'라고 했다—의 일이다.

대구 10월 사건 당시 경찰이 총을 들고 시민과 대치하고 있다.
출처 : 10월항쟁유족회

　　돌아보면, 내 어린 눈에 해방 직후의 그 혼란상은 어떠한 가감도 없이 영사 화면을 쏘듯 내 기억과 의식의 망막 속으로 비쳐들었고, 나는 어른들의 세계에는 뭔가 두렵고도 거대한 일들이 있구나 하는 호기심을 품게 되었다. 어쩌면 내가 기자로 사건 현장을 누비며 살아갈 평생 운명이랄까, 무의식적 씨앗 하나가 이때 날아와 박혔던 건지도 모른다.

02.

하라하찌부(腹八分)와
나폴레옹의 무지개

대부분의 내 세대 사람들이 그러했듯, 내 유년도 그리 평탄하지 않았다. 우선 삶의 터전에서부터 그러하다.

나는 중국 봉천(지금의 심양)에서 유년을 보냈다. 워낙 오래 전 일이라 별로 떠오르는 건 없지만 그곳이 넓고 컸다는 것, 그리고 겨울이 되면 몹시 추웠던 기억은 있다.

아버지는 그곳에서 중국 농민들을 고용해 농장을 크게 하셨다. 대구고보를 졸업하고 집안이 일제치하에서 이런 저런 소송에 휘말리자 가산을 정리하고 솔가하여 당시 만주국의 중심도시인 봉천으

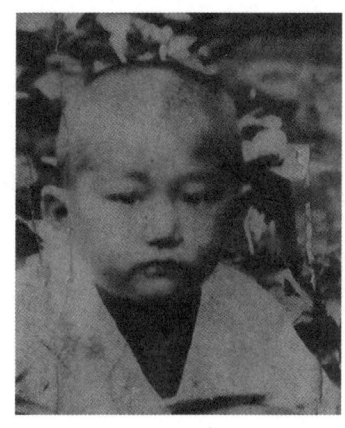

중국 봉천의 집안 마당에서
지금의 심양, 봉천에서 유년을 보냈다.

로 이주하셨던 것이다.

그러나 그곳에서도 부모님 마음은 편치 않았던가 보다. 세상의 전운(戰雲) 감도는 게 심상치 않다고 판단하신 아버지는 당신 혼자 봉천에 남고 가족 모두는 다시 어머니 고향인 경북 경산으로 내려 보내셨다.

경산에서 초등학교에 입학하던 그해 일제는 태평양 전쟁을 일으켰다. 그 전쟁 물자를 공급하기 위한 식민지 수탈과 내핍 생활 강요는 가혹했다. 그 수탈의 와중 그들이 사람들에게 알량하게도 내세웠던 일종의 계몽운동이 있었다.

'하라하찌부(腹八分)'가 그것이다.

배는 8할만 채우고 있어야 건강하다, 그러니 늘 자기 먹는 양의 8할만 채우라는 별 시답잖은 국민운동이었다. 배급도 제대로 나오지 않는 상황에서 그들은 늘 '하라하찌부'를 내세웠다. 그들 말 그대로 자기 식사량의 8할만이라도 채우면 그것도 괜찮았을 것이다. 실상은 그 정반대, 좀 과장 섞어 말하면 위장의 8할 정도는 늘 비어 있는 것 같았다. 그러니 어른이나 아이들이나 늘 배고픈 암흑천지였다.
　당시 소학교는 일본 아이들 학교와 우리나라 아이들이 다니는 학교가 따로 분리되어 있었다. 조선인 국민학교는 말만 학교지 일종의 아동 노동력 제공처라고 하는 편이 맞을 터였다. 공부는 늘 뒷전이고 종일 근처 야산으로 가서 깔비를 모으거나 관솔이나 캐는 게 주된 일과였다. 말라서 땅에 떨어져 수북이 쌓인 솔잎을 경상도 지방에서는 '깔비'라 했다. 송진이 많이 엉긴, 소나무 가지나 옹이를 뜻하는 관솔은 군함의 연료로 그만이었다. 일제는 어린 아이들의 고사리 손도 전쟁의 연료 제공 도구로 사용한 셈이다.
　내가 국민학교 5학년 때 해방이 되었는데, 그때까지 나는 학교에서 이렇다 하게 공부한 기억이 없다. 그렇다고 자연 속에서 마음껏 뒹굴며 놀았던 것도 아니고……. 그래도 나는 운이 좋았다. 집에 6살 터울 누나의 소설책이 당시로서는 꽤 넉넉히 있었던 것이다.

나는 누나 책을 닥치는 대로 읽었다. 어떤 건 읽어도 전혀 뜻을 알 수 없었지만 그래도 그저 읽어 나갔다. 왜냐, 우리 누나 책이니까. 그러니까 재미가 없어도 그냥 읽어야 되는 것이었다. 그때 가장 어렵게 읽은 책이 '아이또 시노 다무레'라고 적힌 『사랑과 죽음의 유희』란 제목의 소설이었다. 프랑스 혁명을 소재로 한 내용이었다는 것만 기억이 난다.

그러나 사옹 걸작선이라든지 삼국지, 그리고 쓰루미 유스케라는 사람이 번역해 놓은 소년소녀판 세계 명작들은, 나름 고달프고 뭔지 모를 구지욕(求知慾)에 시달리던 식민지 소년을 책에 푹 빠지도록 만들었다.

얘기가 좀 곁가지로 흐르겠지만, 해방 전후 우리나라에 들어온 서양문물은 대개 중국이나 일본을 통한 것이었으므로 서양의 인명이나 지명은 한자의 음차를 빌어 표기하고 사용했다. 그게 영어 발음에 익숙지 않은 당시 우리나라 사람들에게 편했을 것이다. 그래서 셰익스피어$^{William\ Shakespeare}$를 사옹(沙翁)이라고 했다. 그럼, 패옹(貝翁)은 누굴까? 베토벤$^{Ludwig\ van\ Beethoven}$이다. 애초엔 패다분(貝多芬)이라 했는데 더 축약하여 패옹이라 한 것이다. 나폴레옹$^{Napoléon\ Bonaparte}$은 나옹(拿翁)이라 했고, 워싱턴은 화성돈(華盛頓), 베를린은 백림(柏林)이라고 불렀다. 지금까지도 회자되고 있는 1967년의 '동백림 간첩조작사건'의 동백림은 바로 동베를린을 말하는 것이다. 이 동백림 사건은 미국 유학 중의 내게도 자그마한 영향을 미친 일이 있는데……. 아무튼, 이러한 한자 명칭은 조어에 일견 재치도 느껴지고 재미도 있는 우리 근현대의 미시 풍속 중 일부라 할 수 있겠다.

다시 책 이야기로 돌아가자면, 그 어릴 때 읽은 책 중 특히 나옹, 나폴레옹의 전기는 내게 큰 감명을 주었다. 그 감명은 지금까지도 선명히 남아 있다. 나폴레옹이 코르시카 섬에서 어린 시절을 보낼 때 무지개를 좇고 또 좇아 마침내 섬 끝에 이르렀다는 내용인데, 책에서는 그의 꿈이 그처럼 허망했다는 식으로 결말을 짓고 있었다. 그러나 나는 그렇게 생각하지 않았다.

책에서 묘사해 놓은 '니지오 오우 쇼넨(虹を追う少年)'—무지개를 뒤쫓는 소년의—모습은 어린 내게 강렬한 인상을 심어주었다. 허망하면 어떤가, 저 거대하고 아름다운 무지개를 좇아가는데. 나폴레옹처럼 나도 무지개를 좇아가고 싶었다. 그러다보면 나도 이 다음 나폴레옹처럼 큰 인물이 될 수 있을 것이다. 나도 위대하고 힘 있는 정복자가 될 수 있을 것이다…….

일본인 학교의 또래들과 근본적인 차별을 당하며 생활했던 식민지 소년이 품어봄직한 꿈이 아닌가.

    그러한 독서 체험이 없었다면 내 유소년 시절은 위장뿐 아니라 머리까지 8할 이상이 비어 있기가 쉬웠을 것이다.

**지각 대장의
고등학교 재수(再受)**

중고교 시절 나는 지각 대장에다 고등학교는 두 번이나 시험을 봐서 들어갔다. 아마 전 출석일 수의 5분의 1 정도는 지각을 했을 것이다. 해방 후의 혼란을 틈탄 좌우충돌과 통학 기차의 들쑥날쑥한 도착과 출발 시간 지연 때문이었다.

어쨌거나 고등학교 시험을 두 번 보게 된 건 내가 게을렀다거나 공부를 못해서가 아니었다. 말하자면 그건 해방과 한국전쟁이 가져온 국가적 혼란의 여파가 개개인의 생활 깊숙이까지 파고들었기 때문이었다.

중고교 시절 내게 기차란 기다림과 동의어였다. 약속 시간에 절대로 맞춰 나타나는 법이 없는 아주 뻔뻔한 애인 같은 것이었다고 할까. 아니, 그보다 더 절실한 무엇이라고 할 수 있겠다. 애인은 기다리다 화가 나면 자리를 털고 일어날 수도 있지만 그 시절 내게 기차는 올 때까지, 아무리 지쳐도 기다리지 않으면 안 되는 것이었다.

당시 경산에서 대구까지 통학을 하려면 기차를 타야 했다. 한데 이 기차가 예정 시간보다 1시간 정도 늦는 건 예사가 아니라 차라리 예외적인 일이었다. 2, 3시간 연착이 기본이었다. 그러니 아무리 시간에 맞춰 일찍 나와도 제때 학교에 도착한다는 보장이 없었다.

3살 터울 형이 대구중학교에 다녔고, 나는 대구지역 최고 명문 경북중학교에 입학할 때만 해도 매우 우쭐한 기분이었다. 어머니의 기대와 바람에 어긋나지 않아서 나름 효도를 한 것 같기도 했다. 새로운 세계로 향한 시골 소년의 그 설렘의 대부분은 기차역에서 통학열차를 기다리며 흐지부지 닳고 증발해버린 것 같다.

해방 직후 혼란기와 한국전쟁 때엔 RTO^{Railway Trail Organization}라는 미군 기관이 우리나라 철도 운행을 좌지우지했다. 이들에게 민간열차, 특히 학생들이 할인 회수권으로 싸게 이용하는 통학열차 같은 게 안중에 있을 리 없었다. 중요한 건 오로지 군용열차일 뿐.

등교할 땐 그래도 오히려 마음이 편했다. 까짓 거, 몇 시간 늦고 말지, 하는 것이다. 문제는 하굣길이었다. 학교가 밤늦게 끝난 날은 대구역까지 5리 남짓 되는 거리를 1시간 이상 달리다시피 가서 그저 기약도 없이 기차를 기다려야 했다. 그래서 같은 처지의 친구들과 나는 간간이 트럭을 '이용' 하기도 했다.

하굣길, 학교 근처인 대구 수성교에 앉아 있다가 저 편에서 트럭이 오면 우리는 각자 가방을 챙기며 마음을 다졌다.

"야, 저기 온다!"

"너 참, 빈 도시락에서 젓가락은 뺐냐? 덜걱덜걱 소리 나면 들켜."

트럭이 막 지나가는 순간 그 짐칸에 몰래 가방을 던져 넣고 몇 걸음 달려 더 따라가다 올라타는 것이다. 어떤 마음씨 좋은 아저씨는 속도를 늦춰주거나 아예 세워주시기도 했다.

트럭들이 다녔던 그 길은 경산으로 곧장 가 닿는 길이었으므로 그렇게 타면 안심할 수 있었다. 탈 땐 몰래 탔어도 내릴 땐 예의를 갖춰 운전사에게 인사를 하기도 했다. 우린 분명히 몰래 탔는데도 어떤 기사 분은 그걸 어떻게 알았는지 경산에서 차를 세우고는, 언제 아저씨에게 얘기해야 하나 서로 눈치를 보고 있던 우리에게 이렇게 말을 했다.
"다 왔다!"

그렇게 매일 매일 전쟁을 하듯 통학을 했지만, 결과적으로 내겐 그 지루하고 힘든 통학길이 꼭 나쁜 것만은 아니었다. 그 와중 그래도 한 가지 건진 게 있었다.

기차 통학 하는 학생들 중에는 학교고 공부고 간에 연애에 빠져든 친구도 있었고, 우쭐우쭐 제 주먹 자랑에 마치 목숨을 거는 듯했던 치들도 있었지만, 그런 건 나와는 아무 상관없는 전혀 다른 세상의 일이었다. 일단 그렇게 마음속에서 그야말로 '셔터'를 탁 내리고 나자 주위 친구들의 관심사에는 도무지 눈길도 가지 않았다.

아마도 혼자서 가계를 꾸려가시는 어머니에 대한 안쓰러움이랄까, 집안이 워낙 어려우니 공부 외의 다른 것엔 신경 쓰이지 않은 것 같다. 해방이 되고도 아버지는 만주 봉천에서 끝내 내려오지 못하셨다. 해방 전 겨울이면 고향에 내려와 한철을 지내시다 가시곤 했지만 해방 후에는 그마저도 뵙지 못했고, 이젠 돌아가신 날도 몰라 당신 생신날에 제사를 드린다.

어머니는 손재봉틀로 생계를 꾸리셨다. 자다 깨보면 몇 시인지도 모를 시각에도 어머니는 재봉틀을 돌리고 계셨다. 동틀 무렵에 어쩌다 요의를 느껴 깨었을 때도 어머니는 재봉틀 앞에 앉아 계셨다. 그 모습을 보며 나는 다시 가물가물 잠으로 떨어지곤 했다. 하루 이틀도 아니고 늘 그렇게 지내셨으니 나중엔 오른쪽 어깨가 다 물러나서 몹시 고통스러워하셨다. 잠결에 보던 어머니의 그 처연하고도 오롯한 모습은 그 후 언제나 나를 지탱하는 버팀목이 되었고 내게 삶의 올바른 방향을 가늠하게 하는 나침반이 되었다.

나는 통학길의 기차를 기다리며, 또 기차를 타고 오가는 동안에도 영어사전을 손에서 놓지 않았다. 그러다 보니 『산세이도 콘사이스』 한 권을 거의 다 외울 수 있었다. 그건 내게 영어에 남다른 자신감을 불어넣었다. 좀 있다 얘기하겠지만 이후 영어 실력은 청년시절 내내 내 아르바이트에 큰 도움이 되었고, 언론사에 첫발을 내디뎠을 당시 내 진로를 결정하는 계기가 되어주었다. 심지어 나는 병아리 기자 시절에도 영어실력 덕에, 경찰서를 빙빙 돌며 고생고생 해야 하는 소위 '사스마리(사쓰마와리 さつまわり)'도 면제되어 입사동기들의 부러움을 사기도 했다. 예나 지금이나 외국어는 일단 잘해놓고 볼 일이다.

기차 통학을 오래 했다고 하면 후배 세대들은 그 통학길에서 많은 추억을 만들고 건졌을 거라는 생각을 흔히 하는데, 불행인지 다행인지 나의 추억은 손때 묻은 그 콘사이스 한 권이 전부다. 어려운 환경에서 내가 재미있고 화려한 추억은 만들지 못했지만 적어도 바보처럼은 살지 않은 것 같다.

그런데도 왜 고등학교는 시험을 두 번이나 보고 들어갔을까.
해방 직후엔 중학교가 6년제였다. 일제 강점기 땐 4년제였다가 해방 후 더 늘어났다. 그러다 1도시 1공립 고교 정책이 시행되었다. 대구고교, 부산고교, 광주고교 등은 그런 시책 하에 생겨난 것이다.
고교 과정을 포함하고 있는 6년제 중학교는 그대로 두고, 1도시 1고교를 세우게 했으니 아무리 명문 중학교에 다니는 학생이라도 중학 4학년부터는 그 도시의 간판 고등학교로 옮겨가고 싶어 했다. 그러자면 입학시험을 치러야 했다. 중학교 6학년을 다 마치면 그 역시 고교 졸업과 동등한 자격으로 대학에 갈 수 있었지만 상황이 그렇다 보니 중학교에 남아 있기 불안해졌다. 여기 남아 있다간 공부가 제대로 되겠나, 싶어졌던 것이다.
나는 고민 끝에 어머니께 상의를 드렸다. 어머니는 난처해하시며 말끝을 흐리셨다.

"경북중학교도 대구 지역 최고 명문 아니었니? 그냥 다니면 어떻겠니……."

새로운 학제의 고등학교에 가면 아무래도 입학금 등의 부담이 따랐던 것이다. 나는 그런 사정을 알았지만, 그래도 가고 싶었다. 공부 좀 한다 하는 친구들은 다 대구고등학교 시험 준비를 하고 있질 않나. 재들 다 빠져나가면 여기 남는 아이들은 공부로는 찌끄러기들뿐 아닌가.

나는 나중이야 어떻든 일단 시험은 쳐보기로 했다. 그러기 위해선 통학 부담부터 줄여야 했다. 시험 임박해서 한 달 남짓, 그때 마침 대구로 시집간 누나 집으로 무조건 밀고 들어갔다. 거기서 더부살이 하숙을 했던 것인데 지금 생각해도 참 열심히 공부했다. 밤을 새워가며 했다.

결과는 합격! 그러나 입학은 할 수 없었다. 당시 경북중학교는 대구 지역 최고 명문답게 합격자가 많았는데 그중 딱 두 명이 가정 형편상 입학하지 못하고 중학교 4학년에 눌러앉아 있어야 했다. 양 씨 성을 가진 친구와 나. 나는 어머니나 우리 집 형편보다는 정부가 원망스러웠다.

공연히 고교 학제는 새로 만들어갖고 괜한 사람 힘 빠지게 만드는지. 그냥 하던 대로 가만 두었으면 저 공부 잘 하는 녀석들하고 계속 4, 5, 6학년 올라갈 거 아닌가.

나는 한없이 세상을 원망하고 있었는데, 갑작스럽게 6·25 한국전쟁이 터졌고, 결국 나는 다시 한 번 고교 입학시험을 볼 수 있게 됐다.

그 전쟁의 와중, 정부에선 중학교의 긴 학제를 3년으로 줄이고 상급생들은 모두 고등학교 시험을 봐서 새롭게 진학을 하도록 했다.

경북고등학교 졸업 당시
입학하기 위해 두 번의 시험을 쳤던 모교.

전쟁하고 중·고교 학제하고 무슨 상관이었는지 나는 지금도 잘 모르겠다. 시끌시끌한 시국에 중학교를 6년제로 운영하기가 거추장스러웠나 싶기도 하고. 그러니까, 중학교 3년 다녔으면 고교로 진학을 하든지, 돈이 없거나 공부에 관심 없는 녀석들은 일찌감치 사회로 나가라는 취지가 아니었나 싶다.

중학교 5학년 때 나는 고교 2학년으로 옮겨가는 입학시험을 또 쳤다. 이래서 재수다. 그렇게 합격을 하고 들어간 지 얼마 안 되어 학교가 교명을 경북고등학교로 바꿨다. 애초의 교명 '대구고등학교'와 교정까지 또 새로 생긴 학교에 넘겨줘 버리고, 경북고등학교는 경북중학교 자리로 들어갔다. 그렇듯 자잘한 몇몇 가지 사실로도 이때 모든 게 얼마나 뒤죽박죽 체계가 없었는지 짐작할 수 있을 것이다.

해방 직후 혼란기도 만만치 않았는데 거기에 더해 전쟁까지 터졌으니 학교에서 출석 체크도 제대로 되지 않는 상황이었다. 피난 갔다는 애들, 전방 간다는 애들, 학교고 뭐고 집에서 노는 애들 다 섞여 있었다. 그래도 누구 하나 뭐라 하는 이도 없었다. 사실 나 역시 그렇게 출석이 불규칙한 학생 중 하나였다.

한국전쟁 최전선(最前線)의 소년 노무자

첫해 대구고교 진학에 좌절한 후 중학 4학년을 다니던 나는 전쟁이 나자 경산에 있는 미군부대 노무자로 자원을 해서 들어갔다. 집안 형편이 어려워 합격한 고교에 진학 못 한 것이 가슴 아팠고, 그래서 엉망진창인 학교를 다니느니 우선 어떻게든 돈을 벌어야겠다는 생각이 들었던 것이다.

무작정 경산의 미군 부대에 찾아간 나는 대위던가 하는 장교 앞에 다른 지원자 다섯 명과 함께 섰다. 소위 면접인 셈인데 엄밀히 말하자면 그걸 면접이라 할 수는 없을 터였다. 그는 제 앞에 선 여섯

명을 스윽 훑어보더니 내게 말했다.

"너 똑똑하게 생겼다. 영어 할 줄 아냐?"

나는 자신감을 내비쳤다.

"물론입니다! 나는 사전도 외우고 있으니 이 자리에서 확인 시험을 봐도 좋습니다. 지금도 이렇게 당신과 대화를 할 정도가 아닙니까."

그는 아랫입술을 위로 올리고 끄덕끄덕 했지만 원어민인 그가 보기에 당시에 내 영어 실력이 얼마나 형편없었을까. 그래도 그나마 어찌어찌 대화가 되는 사람은 나뿐이었으니 나이가 어리고 덩치가 작아도 즉각 채용을 했던 것 같다. 나머지 다섯 명 중에서 한 명이 더 채용되었다.

미군 대위는 일단 자기 막사의 허드렛일부터 시켰다. 그리고 차츰 부대 트럭을 타고 나가 무거운 보급품을 나르기도 하고 식당 설거지, 미군 빨래 등 오만 가지 일을 다 했다. 월급은 20~30달러 정도. 당시 학생으로선 큰돈이었다. 부대가 이동하면 함께 따라갔다. 내가 일했던 부대는 경기도 안성을 거쳐 최전방인 가평 근처 북한강가에 진을 쳤다. 그곳에서는 바로 지척에서 포 쏘는 소리가 들렸고 한강으로 어느 편인지 모를 시체가 둥둥 떠내려오곤 했다. 겁이 났다. 그러나 누구에게 겁난다고 단 한 마디 말도 할 수 없는 처지라

오히려 이를 꼭 물고 일을 했다. 부대는 거기서 더 북진하지 않고 경기도 부천, 해방 전 일본인들이 세워놓았던 자동차 공장 부지로 후퇴해 들어갔다. 언뜻 언뜻 주위들은 말로는 중공군이 내려온다는 것이었다. 주변 미군의 표정도 그리 밝아 보이지 않았다.

나는 곰곰이 생각해 보았다.

천하의 미군도 밀리는구나. 이거 안 되겠다……. 미군이 들어와 치고 올라오면서부터 후방에 질서도 많이 잡혔다고 하니까 이제 집으로 돌아가야겠다. 월급도 3, 4개월간 어느 정도 모았고.

돌아와 보니 질서가 무슨 말, 학교는 기와 굽는 굴에서 수업을 하고 있었다. 전방에서 돌아와 학교에 나가기 시작하자마자 수학시험을 보았다. 그런 환경 속에서도, 그래도 학교라고 학생들 시험은 빼놓지 않았으니 어찌 보면 신기할 지경이다.

그 수학시험을 친 며칠 후, 낯선 선생님이 내게 말했다.

"어이, 네가 김영수지? 너 전 학년 수학 1등이다."

그때 퍼뜩 든 생각 한 가지. 아, 노무자 할 것이 아니라 역시 난 공부를 해야겠구나. 나는 다시 공부에 의욕이 솟았다.

그러던 차 고교 재시험의 기회가 왔던 것이다.

05.

"잘 했다.
 참 잘 했어."

어머니는 내가 대구에 있는 의대로 진학하길 바라셨다. 그때도 의사는 소위 떵떵거리며 살 수 있는 직업이었으니까. 해방 전에는 더 했다. 일본인 의사 아니면 한국인이라도 '일본사람화' 된 의사의 위세는 환자들에겐 왕이나 마찬가지였다.

나는 어머니의 바람에 따라 이과를 선택했다. 수학에도 자신이 있었다.

한데 전쟁통의 학교에는 무엇 하나 제대로 된 것이 없었다. 교사들이라고해서 예외는 아니었다. 서울에서 대학 다니다 피난 온 사람들이 그 피난처 학교에서 교편을 잡는 일이 많았다. 그렇다 해도 실력이 처지지 않거나, 설령 실력이 좀 처진다 해도 성의라도 있다면 괜찮았을 것이다. 엔간하다면 누가 뭐라나, 전쟁 중인데. 실력도 성의도 없이 수업이랍시고 제가 대학에서 배웠던 교재를 그대로 읽어주는 선생이 있었다. 사회나 역사 과목이 그렇다면 그러려니 넘어갈 수도 있었을 것이다. 자습과 암기로 보완할 수 있으니까. 한데 그 과목은 물리·화학이었으니 그럴 수도 없었다. 입시는 코앞인데, 더구나 물리·화학은 이과에선 그 비중이 컸다.

나는 몇 차례나 시정을 요구했고 나중엔 항의를 했다.

"선생님, 이런 식으로 수업을 하면 입시에 아무런 보탬도 되지 않습니다. 대학 입시에 도움이 될 걸 가르쳐 주십시오."

그럴 때마다 그는 멋쩍고 어설프게 끄덕이곤 했지만 전혀 달라지지 않았다. 그는 고교 과정엔 아예 관심조차 없는 듯했다. 그러던 즈음 기말시험이 다가왔고 나는 몇몇 친구들과 함께 백지동맹을 주도했다.

"도저히 안 되겠다! 저 선생을 반성시켜서 우릴 제대로 가르치게 하든지, 아니면 쫓아내야 한다. 이번 시험을 그 계기로 삼자."

"그래, 저 엉터리 선생 때문에 우리 다 대학입시 치나마나하게 생겼어. 영수 말이 맞아."

친구들은 모두 찬성했다.

나는 물리·화학 시험시간이 되자마자 답안지를 탁 엎어놓고 나왔다. 나와서 보니 내가 너무 일찍 나온 것 같았다. 당시엔 피난 교사(校舍)니까 그저 조그마한 운동장이 교정의 전부였다. 학교 전체가 한눈에 다 보인다.

그 운동장에 나, 혼자였다!

조금 더 기다려 보니 나와 함께 주동한 친구들 서넛만이 나오고 있었다. 그럼 그렇지! 나는 쟤들을 따라 곧 다른 애들도 나오겠거니 했지만 그 시간이 끝날 때까지 우리 서넛 외엔 아무도 나오지 않았다.

나온 놈들은 당연히 물리·화학 빵점, 낙제였다. 대학 시험도 칠 수 없게 된 것이다.

결국 우리 담임선생님이 그 과학 선생께 살살 빌어서 낙제점만 간신히 넘기는 성적을 받아 입시는 치를 수 있었다. 지금은 우스운 추억담이 되었지만 그땐 어린 마음에 나오지 않은 친구 녀석들에게 어찌나 배신감이 들던지…….

그대로 학교를 다니고 의대에 갔더라면 아마 나는 지금쯤 의사가 되어 있을 것이다. 아니, 평생을 의사로서 살고 이제쯤 모교에서 명예교수쯤을 하고 있으려나?

당시 경산군 내에는 공부 잘하는 수재로, 또래의 탁월한 리더로 소문이 자자한 동네 선배가 있었다. 신광순이라는 사람이었는데 그에 대한 신화적 소문은 어려서부터 익히 들어온 터였다.

내 주변엔 대학 간 사람도 없어서 어느 대학, 어느 과가 좋은지 어떤지도 잘 모르던 차인데 그가 서울대학교 문리대 정치학과에 다닌다는 게 아닌가. 그 소리를 듣는 순간 나는 즉각 결심했다. 나도 거기 간다. 그 선배가 다니는 학교라면 나도 무조건 간다.

그러자면 우선 문과로 전과를 해야 했다. 한데 담임선생님이 놓아주질 않는 거였다. 정색을 하고 말해도, 읍소를 해도 안 되었다. 담임 입장에선 성적 괜찮은 녀석을 다른 반에 주고 싶지 않은 것이었다. 나는 포기했다. 담임 선에선 어쩔 수 없어 나는 교장 선생님을 찾아가 저간의 사정을 말씀드렸다. 그래서 비로소 전과를 할 수 있었는데, 그전 담임선생님은 재미있고 고맙고 집요한 분이었다. 문과반 교실은 2층으로 올라가는 1층 계단 옆에 있었고 내 자리는 계단 바로 옆 창가였다.

담임선생님은 1층 교무실에서 교무회의를 하고 올라가시며 나를 꼬드겼다. 아침마다, 아니 오르락내리락 하실 때마다 그랬다.

"야, 영수야. 여기 재미없지? 있던 데로 다시 가자. 자, 당장 나와. 나랑 올라가자."

이런 말 하면 좀 우스울지 몰라도…… 지성이면 감천이라 했던가. 담임선생님의 그 '지성'이 '감천'을 시켰던 건지, 얼마 후 나는 다시 이과 반으로 옮겨가게 되었다. 그것도 내가 선생님을 찾아가 청을 드려 그렇게 했다.

내가 문과 반으로 옮긴 바로 그즈음 어머니께서 고열 감기로 몸져누우셨다. 어머니는 평소 잔병치레 없이 건강하셨지만 일단 감기가 한 번 드셨다 하면 정말 무섭게 앓으시곤 했다. 동네 병원에도 가실 기력이 없었다. 지금 생각해 보면 영양은 부족한데 과중한 노동에 시달려서 그랬던 게 아닌가 싶다.

나는 '도요다 의원'이라고, 예전 일제 때 창씨개명한 이름을 그대로 쓰고 있던 동네 병원으로 달려갔다. '빨리 좀 와주세요.', 이 소리를 얼마나 간절하게, 몇 번이나 반복해서 했는지 모른다. 그때마다 의사는 고개나 두어 번 끄덕이고 나서 가 있으라는 손짓만 보낼 뿐이었다.

나는 병원 밖에서 그가 나올 때까지 기다릴 작정을 하고 있었는데, 안에서 의사가 간호사에게 하는 소리가 들려왔다. 어법에도 살짝 어긋나 있는 그 말, 지금도 또렷하다.

"저 집에 가면 왕진료도 못 받는 집이야."

충격이었다. 아마도 내가 성질 울퉁불퉁한 녀석이었거나 평소 주먹 쓰는 버릇을 갖고 있었다면 병원으로 뛰어들어 의사 멱살이라도 잡았을 것이다. 한데 그런 공격적인 몸짓 대신에 내 안에선 이런 울림이 올라왔다.

'내가 나중에 3정승 6판서 벼슬을 하면 뭐 하나. 어머니도 지켜드리지 못하는 주제에……. 그래, 대구 의대 가자. 의사가 되자.'

나는 다시 이과로 전향했다. 문과 반으로 옮긴 지 보름쯤 되었을 때였다.

그 뒤 어머니가 자리를 털고 일어나시면서부터 다시 마음이 뒤숭숭해지기 시작했다. 고민 끝에 나는 어머니께 말씀드렸다.

"어머니, 저 아무래도 의사는 아니에요. 신광순 선배가 다니는 서울대학교 문리대 정치학과에 가야겠어요."

어머니는 순순히 말씀하셨다.

"아무래도 서울대가 경북대보다 학교가 더 좋지. 너 하고 싶은 대로 해라."

도요다 의사에 얽힌 에피소드가 한 토막 더 있다.

그와의 인연은 훗날까지 이어졌다. 내가 문화방송 보도국장으로 일할 때였다. 뜬금없게도 그가 전화를 걸어왔다. 그는 인사말 몇 마디 간단히 하고 바로 자기 사정을 말했다.

"자네에게 긴한 부탁이 있어서 이렇게 전화했네. 내가 지금 암에 걸려서 사형선고를 받아놓은 상태야. 근데 일본 오사카에 암 특효약이 개발돼 있다던데……. 아, 고향 사람 좋다는 게 뭔가. 자네 회사 특파원에게 부탁해서 어떻게 그 약 처방 좀 구해줄 수 없겠나?"

쓴웃음이 나왔다. 하지만 웃을 수는 없었다. 아는 사람이 죽을병이라는데.

나는 속에서 감정의 회오리가 약간 일기도 했지만 꾹 누르고 이렇게 말했다.

"알겠습니다. 알아는 보겠지만 잘 될지는 모르겠네요."

나는 곧 도쿄 특파원으로 나가 있는 후배에게 연락하였다. 이게 될까 싶었는데, 후배가 오사카까지 가서 다행히 그 처방을 구할 수 있었다.

도요다 선생, 옛날엔 그 때문에 내가 크게 상처를 받았지만 나는 그에게 그 반대로 대했다. 뿌듯했다. 이만하면 나도 사람 구실하면서 잘 살고 있구나, 싶은 뿌듯함.

  그 뿌듯함으로 나는 어머니께 도요다 의사에 얽힌 이야기를 모두 하였다. 내 이야기 끝에 어머니는 환한 표정으로 말씀하셨다.

  "잘 했다. 참 잘 했어."

06. 고학을 거듭한 대학생활

어머니는 좋은 대학교 좋은 학과에 들어가면 바로 '높은' 사람이 되는 건 줄 아셨다. 내가 서울대학교 정치학과에 입학하게 되었을 때 어머니는 이런 말씀을 내게 해주셨다.

"이제 넌 제일 좋은 학교에 가게 되었으니 그런 만큼 늘 의로움을 잊지 마라. 세상엔 어려운 사람이 너무 많아. 항상 그 사람들을 잊으면 안 된다. 그 어려운 사람들 사정을 살피고 도와줄 방도를 찾아야 한다. 그래야 좋은 학교에서 큰 공부하는 사람답지."

나는 이 말씀을 늘 잊지 않으려 노력했지만 말씀 그대로 충실하게 살아왔다고는 말하기 어렵다. 그래서 때로 어머니께 몹시 면구스럽다.

대학 첫 학기는 부산에서 시작했다. '서울' 대학교 입학을 부산에서 한 것인데 당시 서울은 완전히 북한군 치하 혼란기였다. 부산도 적 치하만 아니었을 뿐 혼란하긴 마찬가지였다.

피난 서울대에는 책상 몇 개 외에는 정말 아무것도 없었다. 부산 운동장 뒤의 부산여중과 동아대학교 사이 산간을 개척해 천막으로 얼기설기 가교사를 만들어놓았으니 그게 대학인지 뭔지 구분도 되지 않을 정도였다. 그곳에서 한 학기를 보내고 전시 상황이 호전되어 학교는 서울로 왔지만 나는 강원도 양구로 갔다. 여름방학 동안 2학기 등록금을 마련해야 했다.

고향 사람이 양구 미군부대에 취직해 있다는 소리를 듣고 무작정 길을 나섰다. 고교 시절 미군부대 근무 경력도 있으니 아무튼 찾아가기만 하면 일자리를 얻을 자신이 있었다.

문제는 거기까지 갈 수 있느냐였다. 양구는 38선 이북이라 민간인 통제구역에 있었다. 일단 그 길에 들어서고 보니 양구까지 가는 건 고사하고 목숨부지나 할 수 있을까 싶어졌다. 북한강을 건너야

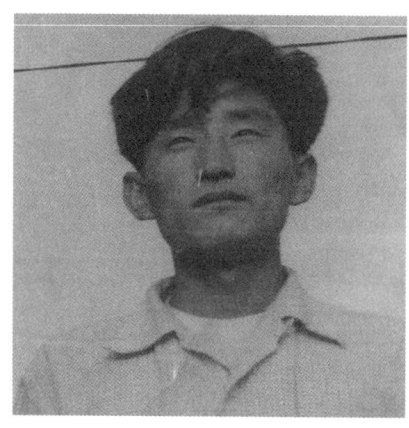
서울대 재학 중의 모습
등록금을 마련하기 위해 양구 미군부대에서 허드렛일도 마다할 수 없었다.

했지만 배가 없었다. 그곳에 함께 들어선 사람은 나 말고도 둘이 더 있었는데 우리는 힘을 합해 어찌어찌 배를 구하긴 했다. 한데 그 크기가 과장을 좀 섞으면 큰 함지박만 했다. 저걸 타고 강을 건널 수 있을까 싶었지만 다른 도리가 없었다. 혼자서 다시 돌아갈까 생각해 봤지만 그건 강을 건너는 것보다 더 위험해 보였다.

문제는 또 있었다. 내 뱃삯이 모자랐다. 나는 사공에게 사정을 해 보았다.

"아저씨 가진 돈이 이것밖에 없는데 어떻게 사정을 좀 봐주시면 안 될까요?"

사공은 말없이 고개를 저었다. 그 사이 다른 이들은 모두 배에 올랐다. 그 사공도 전시에 위험을 감수하고 하는 작업이었으니 뱃삯을 높게 받는 건 당연했지만 그래도 원망스러웠다. 나는 입고 있던 미군 카키복 잠바를 벗었다.

"이거 미젠데요. 이걸 모자란 돈 대신 드릴게요. 어떠세요?"

사공은 그 잠바를 받았다.

강 가운데 이르자 누런 벌물이 그 작은 배로 막 넘쳐 들었다.

에고…… 아까 그냥 돌아갈 걸 그랬나 보다……. 수영이라곤 동네 개울에서 몇 번 감아본 게 전부인데.

나뿐 아니라 다른 사람들도 두려움에 가득 차 아무 말도 못하고 그저 강물만 바라보았다. 어둠과 겁에 질린 침묵, 그리고 금세라도 우릴 덮칠 듯한 강물 소리. 그리고 어두워서 잘 보이지도 않는 저편 강 둔덕, 그 멀게만 느껴지던 거리…….

그렇듯 무서운 배에서 내린 다음엔 지뢰밭도 지나야 했다. 생각하면 할수록 위험천만이었다. 지뢰에 관한 털끝만큼의 지식도 없는 사람들이 그 지뢰밭을 그저 조심조심만 하며 건넜으니 목숨을 복불복의 요행에 맡긴 격이었다. '조심조심'도 그게 단지 걸음이나 살살 내디딘 것에 불과했으니 엄밀하게는 조심했던 것도 아니었고, 조심할 수도 없었다.

우리 일행은 죽을 운보다는 살 운에 닿아 지뢰밭을 무사히 지났지만 안심할 수 없었다. 전방의 헤드라이트 불빛에 늘 주의를 기울여야 했다. 길모퉁이 같은 데서 번쩍 하는 빛이 보이면 길가에 엎드려 숨었다가 차가 지나간 다음 다시 걸음을 재촉했다. 특수임무를 띠고 적진에 잠입한 것처럼 행동해야 했던 것이다. 통제 구역에 민간인이 출입증도 없이 숨어들어 왔으니 군인들에게 들키면 의심을 사고 쫓겨날 수밖에 없었다. 그간의 생사를 넘나든 고생이 아까워서라도 그럴 수는 없었다.

양구에 도착해서는 예전에 그랬던 것처럼 미군 빨래와 식당 설거지 등의 허드렛일에 파묻혀 지냈다. 방학이 끝나갈 무렵 두어 달치 월급을 모을 수 있었다.

아, 이제 학교로, 그것도 애초에 자리잡고 있던 동숭동 문리대로 돌아갈 수 있겠구나.

나는 꿈에 그리던 서울 캠퍼스 생각에 부풀어 있었다. 그즈음 함께 일하던 사람이 내게 두 손을 비비며 말을 건네왔다.

"영수 학생, 내가 서울에 급한 일이 생겨서 휴가를 받아 나가는데 돈이 없네. 갔다와서 줄 테니 학생이 어떻게 좀 빌려 줄 수 없을까."

"그러세요. 차비 정도야, 뭐."

"아니, 차비는 나도 있어. 가서 급히 처리해야 할 일이 있는데 거기 쓸 돈이 부족해서 그렇지. 그 돈 벌려고 여기 왔는데 사정이 갑자기 급해졌어. 나가서 해결하고 올 때 돈 마련해서 갚을게. 사정 좀 봐줘."

그는 당시 동대문 밖에 있던 유명한 식당, '형제추탕' 사장의 사촌 동생으로 그렇게 믿지 못할 위인은 아닌 것 같았다. 형제추탕 사장은 나중엔 시의회 부의장을 지내기도 했었다. 그러나 사촌 형이 뭘 하는 사람이든 결과적으로 그는 믿지 말아야 할 사람이었다.

그는 휴가를 나갔다가 돌아오기까진 했지만 돈은 갚지 않았다. 다른 사정이 생겨 돈을 갚을 수가 없다는 것이었다. 그걸 참……. 기가 막히고 발이 동동 굴러졌지만 안 주는 돈을, 없다는 돈을 어찌하겠는가. 목숨을 걸고 한 방울 한 방울 피를 만들듯 번 돈을……. 나는 2학기 등록을 포기할 수밖에 없었다. 지금 생각해 보면 그 사람의 월급을 내 앞으로 차압하는 방법도 있고, 월급 때마다 얼마씩 변제를 하라고 을러댈 수도 있었는데 그러지도 않았다. 아직 소년티도 완전히 벗지 못했으니 그렇게 다그칠 수가 없었던 것이다.

그곳에서 다시 한 학기 꼬박 일을 하고 2학년 1학기에야 돌아와 등록을 할 수 있었다. 한 학기를 놓친 걸 벌충하기 위해 나는 매 학기마다 학점을 꽉꽉 채워 들었고, 그래서 나중엔 아예 졸업 학점을 초과할 정도로 여유가 있었다. 그러나…… 내가 놓친 그 1학년 2학기가 졸업할 때 결국 내 발목을 잡고 말았다.

내가 입학하던 해에는 교과 과정에 '군사학' 시간이 있었다. 1시간 수업이었지만 2학점짜리 과정이었다. 양구 미군부대 알바를 마치고 다시 서울로 와보니 군사학은 체육학으로 대체되어 있었고, 나는 1학년 2학기 때 빠졌던 군사학 대신 체육학 수업을 이수했다. 문제 될 게 없었다. 한데 나중에 나는 졸업을 할 수 없다는 것이었다. 전체 학점은 넘치게 땄지만 필수과목인 체육학에서 1학점이 부족하다고 했다. 그게 무슨 말? 알고 보니 군사학은 1시간을 들어도 2학점이 주어졌지만 체육학으로 대체된 다음부터는 1학점이었던 것이다. 그러니까 예전에 놓친 한 학기 군사학을 체육학으로 벌충하기 위해서는 그걸 두 학기 들어야 했던 것인데 학점 체계가 그렇게 바뀐 줄은 꿈에도 몰랐으니…….

같은 과 친구 김종하도 나와 똑같은 경우로 졸업을 할 수 없었다. 이건 아니다 싶었다. 너무 억울하지 않은가.

우리는 논의 끝에 정종 한 병을 사들고 체육교수님 댁으로 찾아갔다. 사정 말씀을 드려보려는 것이었다. 한데 그 교수님은 너무도 단호히 "노!"를 하셨다. 절대 안 된다는 것이었다. 웬일인지 그는 몹시 화가 나 있었다. 아니, 아무리 그래도 그렇지, 집까지 찾아간 제자한테……. 김종하와 나는 무안하거나 분하기보다는 어리둥절했다. 그 전에 이미 일이 단단히 꼬여 있었다는 건 나중에 알게 되었다.

내 사정을 안타까워하신 주임교수가 체육교수에게 청을 하신다는 게 되레 사태를 악화시켜 놓았던 것이다.

"사회 나가서 장차 큰일 할 사람들인데 고작 체육 1학점 때문에 졸업을 못하다니, 이게 말이 되는 거요?"

"아니, 교수님. 그게 무슨 말씀입니까? 고작 체육이라니요."

"아, 말이야 바른 말이지, 사실이 그렇지 않소."

두 분 교수 사이에 이런 가시 돋친 대화가 오갔다는 거였다.

그래서 나에게도 그렇게 냉랭했구나. 이제 졸업은 틀린 것 같았다. 어쩔 수 없었다.

당시 나는 졸업 전에 이미 『연합신문』 기자로 합격해 있었다. 신문사 들어가는 데 대학 졸업장이 꼭 필요한 건 아니었다.

나는 졸업을 포기하고 사회로 나왔다. 그리고 훗날 『동아일보』 기자 시절, 결국 뒤늦은 대학 졸업을 했다.

『동아일보』 시절은 사회 경력면에서 어느 정도 안정이 되어 있던 때였다. 주임교수인 구범모 선생과, 그때 대학원을 마치고 강사로 있던 대학동기 안희수가 나와 김종하에게 졸업을 권유했다.

"자네들 앞으로 어떤 일이 있을지 모르는데 졸업장이 필요할 수도 있어. 더 늦지 않은 때에 어떻게 해봐."

그 권유를 나와 친구는 고맙게 받아들여 체육 한 학점을 위해 학교에 재등록하였다. 그리고 담당 체육 교수와 함께 중국음식점에서 식사를 하며 사정을 이야기했다. 한 학기 체육 수업을 하기 위한 시간을 내기 어려웠으므로 그런 사정을 감안해 달라는 청을 드렸다. 교수는 물론 그래야지요, 해가며 끄덕였다.

그 후 그는 일주일이 멀다하고 신문사로 나를 찾아왔다. 제 고향에서 당숙이 돌아가셨다는 둥, 어딜 가야되는데 차비가 좀 부족하다는 둥, 어느어느 집 술맛이 좋다는 소릴 들었다는 둥…….

치사한 생각이 들어서 나중이야 어쨌든 당장 내쫓아버릴까 싶다가도, 기왕 등록한 이상 그는 내 선생님이고 나는 그의 제자라는 생각이 들었다. 그건 엄연한 사실 아닌가. 그래, 궁한 선생님 예우한다고 치자. 그렇게, 궁한 스승 한 학기 예우하고 졸업을 하고 났더니 그는 더 이상 나를 찾아오지 않았다. 다행히도 그때쯤엔 그의 형편이 좀 풀렸던가 보았다.

경위야 어쨌든 나는 1953년도 입학해서 무려 11년 만에 대학 졸업을 한 셈이다.

07.

사람 인연, 시절 인연

사람 사이의 인연은 묘한 데가 있다. 때로 씁쓸한 기억으로만 남기도 하지만, 지금 당장은 다소 찌푸려져도 나중엔 그게 되레 따뜻한 추억담이 되기도 하고 유쾌한 웃음을 만들기도 한다. 인생은 예측불허고 바로 그렇기 때문에 살아볼 만하다는 말은 그래서 공감을 부른다.

말을 하다보니 어째 거창해진 듯도 싶은데…….

대학 4학년 2학기 때 얘기다.

'매스커뮤니케이션' 과목이 아침 첫 시간인데 그만 늦고 말았다. 그날은 마침 시험날이었다. 눈총을 좀 받더라도 들어가려다 보니 날씨가 너무 좋은 게 아닌가.

'에이, 이 과목 학점 못 따도 졸업하는데……. 한 학기 수업 잘 들었으면 됐지. 이 과목 포기!'

나는 이렇게 작정하고 벤치에 앉아 오랜만에 한가한 캠퍼스의 아침을 즐겨보기로 했다. 나는 그 벤치에서 청명한 가을볕을 받으며 늘어지게 기지개를 켰다. 좋았다. 대학 시절 내내 내겐 그런 여유가 거의 없었다. 다른 친구들은 여대생들과 미팅도 하며 그 나이에 누릴 수 있는 낭만도 맛보고, 열띤 시국토론에 정열을 쏟기도 했지만 그런 건 나와는 아예 상관이 없는 것이었다.

나는 입주 가정교사를 하며 숙식을 해결했다. 늘 가르치는 학생에게 마음을 써야 했고 강의 시간에 쫓겨야 했다. 때로는 밤 시간도 아르바이트에 고스란히 바쳤다. 용산 미 8군부대에 가서 그들 숙사의 석유스토브를 한밤 내 관리해 주는 일이었다. 난방 불을 살피고 석유가 떨어지지 않도록 제때 기름을 보충해 주어야 했다. 내가 입주해 있던 집은 대개 돈암동이나 후암동이었는데 거기서부터 용산까지 밤과 새벽 시간에 걸어다녔다. 통행금지가 있던 때라 늘 달리

기 반, 속보 반으로 다녀야 했다.

주변 친구들이 누렸던 젊은 시절 특유의 즐거움은 포기했어도 학과 공부만 하고 있긴 또 싫어서 틈틈이 노신(魯迅)전집을 독파했고 『중국의 붉은 별』을 읽으며 모택동에게 매료되기도 했었다.

그 와중, 과 동기가 학교 교정에서 고교생에게 터무니없이 매를 맞았다는 소리를 듣고는 불끈 나서서 문리대 내에 태권도부를 만들었는데, 그나마 그게 내가 대학 다니며 했던 거의 유일한 학내 활동이었기에 내겐 소중한 추억이다.

문리대 입학 합격자 발표날, 그 게시판 앞에서 어느 불합격자 한 명이 게시물을 찢고 소리를 지르며 행패를 부렸다. 『대학신문』 기자인 같은 과 친구가 마침 그 모습을 사진 찍고 취재를 했는데 행패 부리던 녀석이 그걸 보고는 덤벼든 것이다. 녀석은 카메라를 빼앗아 팽개쳐 부수고 형뻘 되는 기자를 흠씬 두들겨 팬 다음 달아나 버렸다. 그 소식을 듣자, '이거 안 되겠다!' 속에서 욱, 하고 치밀어 오르는 게 있었다.

입시에서 떨어진 녀석이 성질 사납게 행패를 부릴 수도 있다. 그걸 취재하다 힘이 모자랐든지 기습을 받아 얼결에 당했든지 하여튼 얻어맞을 수도 있다. 그러나 우리 교정에서, 까맣게 어린 후배에게,

동료가 두들겨 맞는데 누구 하나 나서지도, 말리지도 않았다니 그건 있을 수 없는 일이었다. 나는 그때 문리대 운영위원장을 하고 있던 친구를 찾아가서 거두절미 이렇게 말했다.

"야, 돈 좀 줘."

"뭐? 너 왜 그래? 어디다 쓰려고?"

"아, 예산 좀 배정해 달라고. 학교에 우리 태권도부 만들자."

지금은 어떤지 몰라도 그때는 학생회 운영위원장이면 예산을 배정할 수 있었다. 자금을 확보한 다음 몇몇 친구들과 함께 나는 청도관 사범을 초빙했다. 청도관은 당시 우리나라 태권도를 창무관과 함께 이끌고 있던 도장이었다. 나중에 청와대 경호를 청도관에서 도맡았던 걸 보면 그 실력 면에서 더 인정을 받았던 모양이다.

당대 최고의 태권도 실력자를 사범으로 확보하고 나니 신바람도 났고 자신이 붙었다. 태권도부 모집 공고를 게시판에 붙이고 학교 내에 도장으로 쓸 공간도 확보했다. 그리고 일주일에 두 번 여러 친구들과 태권도 수련을 하게 되었다. 예상보다 꽤 많은 학생들이 태권도 수련에 참여해서 마음이 뿌듯했다.

당시 문리대 학생들을 대상으로 한 우스개 풍문에 이런 게 있었다.

"문리대 놈들은 모르는 게 없는 놈들이다."

현 서울대학교 태권도부 수련생 후배들
문리대에 태권도를 심은 것은 내가 해낸 큰일 중 하나라고 자평한다.
출처 : 태권도 신문

여기서 끝나면 명예롭고 좋지. 그 다음에 따라 붙는 말이 또 있었다.

"모르는 것도 없지만 아는 것도 없는 놈들이 문리대 놈들이다."

즉, 이래저래 아는 게 좀 있긴 한데 그게 어설프고 깊이가 없다는 뜻이다. 어찌 보면 젊고 미숙한 대학생들이 다 그렇겠지만, 어쨌든 그러다보니 이것도 저것도 아니면서 몸은 몸대로 호신술 하나 익히지 못한 채 애들이 다 나약해져 있지 않았나 싶었다.

그런 풍토에다 내가 태권도를 심었다 생각하니 졸업하기 전에 큰일 하나를 해낸 것 같은 기분이었다.

아침 벤치에서 그런저런 생각을 하며 망중한을 보내고 있던 내 눈길 안으로 낯익은 얼굴이 하나 털레털레 다가왔다. 김종하였다. 저 녀석도 늦었네.
종하가 말했다.
"너 벌써 시험 다 봤냐?"
"아니. 그냥 안 볼까 해."
"그래? 나도 그럴까, 그럼."
"너 왔으니까 함께 들어가는 것도 괜찮을 것 같은데."
"뭐 그것도 좋지."
우리는 함께 강의실로 들어갔다. 앞서 들어간 내가 교수님께 읍하고 말했다.
"좀 늦었습니다."
교수님은 손가락 몇 개가 좀 불편하셨는데 그 손으로 내게 시험지를 내밀며 말하셨다.
"시험 쳐."
여기까진 좋았다. 교수님이 다시 말씀하셨다.

"자네 뒤에 저 친군 누구야?"

"예, 저하고 같이 지각한 친구입니다."

그랬더니 교수님 왈, "둘 다 나가!"

나와 종하가 어리둥절하고 있는데 교수님이 그런 우리를 번갈아 보며 말씀하셨다.

"늦게 와서 시험 본다는 주제에 주머니에 손 찌르고 건들건들 남 시험 보는 거나 기웃거려? 그래도 자네(나)는 좀 나아. 시험 볼 자세가 되어 있는데 저 친구(종하)는 아니야. 둘 다 나가."

종하가 그랬던 모양이다. 교수님 말대로 건들건들. 그래서 우리는 시험도 못 본 채 그 강의실에서 쫓겨났다.

그때 그 교수님이 천관우 선생이다. 당시 그는 『한국일보』 조사부장으로 있으면서 문리대 겸임교수로 강의를 하고 있었다.

나중, 내가 『동아일보』 정치부 기자로 일할 때 편집국장이 바로 천관우 선생이었다. 그런 어느 날 내가 천 국장께 말씀드렸다.

"국장님, 예전에 문리대에서 매스커뮤니케이션 강의하셨지요?"

"어, 그렇지. 그걸 당신이 어떻게 알아. 들었었나?"

"예. 근데 그때 학점도 못 따고 쫓겨난 녀석들이 딱 둘 있었는데 그게 하나는 저고 또 하나는 지금 『한국일보』에 있는 김종합니다.

서울대학교 정치학과 동문 기사
서울대 정치학과 11회 졸업생 절반이 인명사전 등록.

어찌 된 게 학점 잘 딴 놈들 중엔 지금 일선에서 기자하는 놈 하나도 없고 못 따고 쫓겨난 놈들 둘만 지금 이러고 있네요."

"어 그랬어? 당신들 둘이? 거 묘하구먼. 와하하하……."

그때 쫓겨날 빌미를 제공했던 '건들건들'의 주인공 김종하는 더 나중에는 정계로 진출해서 국회부의장까지 지냈다.

당시 문리대 동기 중엔 부산, 경남 출신들이 유독 많았다. 아마도 전란의 피해를 입지 않아서 타 지역 학생들보다 공부에 전념할 수 있어서 그랬을 게다. 개중엔 국무총리, 장관, 국회의원들이 줄줄이 배출돼 나왔으니 사람 인연 못지않게 중요한 것이 바로 시절 인연 아닐까 싶다.

열정의 시, 분, 초

01.

한일회담이라는 코끼리
―코끼리 사냥

초보 기자 시절 어떤 선배가 내게 물었다.

"김 기자, 밖에서 취재는 어떻게 해야 하나?"

"네, 당연히 뛰어다니며 해야 합니다."

선배가 "흐음" 하며 끄덕였다.

"그럼 회사 들어와서 기사는 어떻게, 어떤 자세로 써야 되냐?"

나는 갸웃했다. 이 선배가 지금 뭘 묻는지, 질문의 요지가 뭔지 알기가 어려웠다. 기사를 쓰는 자세라……. 뭔지 비유적 의미가 있는 것 같았다. 그래서 나도 비유를 담아 이렇게 답변했다.

"예, 기사는 책상에 정자세로 바르게 앉아서 써야 합니다."
그러자 대뜸 선배의 비웃음 섞인 대꾸가 날아왔다.
"야, 거 웃기는 소리하지 마라."
"예? 그럼 어떻게……."
"기자는 말이야, 자기 자리에 앉아서 기사를 쓸 때도 한 발은 책상 밖으로 뺀 채 삐딱하게 앉아서 써야 하는 거야. 그래야 밖에서 '불이야! 사건이야!' 하면 곧바로 튀어나갈 수가 있지. 안 그래?"

나는 머쓱해져 고개나 끄덕이며 웃어보였지만 새삼 정신이 번쩍 들었다.

돌아보면 기자 생활 내내, 특히 젊은 '민완 시절'엔 특히, 나는 일에 미쳐 있었다고 해도 과언이 아니다. 그도 그럴 것이 언론계 발 디딘 직후부터 내가 맞닥뜨린 사건들은 한일회담, 4·19, 5·16 등등 그 자체로 격동기 한국 현대사의 큰 획을 긋는 것투성이였으니 기자로서, 이 땅의 젊은이로서 열정이 타오르지 않았다면 그게 오히려 이상한 일일 것이다. 기사 작성을 할 때도 한 발을 밖으로 뺀 채 해야 한다는 선배들의 그 말은 절대 과장이나 비유가 아니었다. 나는 언제든 즉각 달려 나갈 기세로 기사를 썼고 밥을 먹었고 잠을 잤다.

지금은 없어진 언론사 중 하나, 『연합신문』에 입사한 나는 수습기자라면 으레 해야 하는 소위 '사스마리'를 하지 않았다. 면제였다. 사스마리라는 건 앞에서도 잠깐 언급을 했지만 경찰서 순회 기자를 통칭하는 일본어 '사쓰마와리(さつまわり)'에서 온 말인데, 기자 사회에서는 지금도 사라지지 않고 흔히 쓰인다. 수습기자 시절에 경찰서 순회를 하는데, 그 시절 수습으로서 트레이닝 받으랴 경찰서 돌랴 고달픈 나날을 보내는 품이 아마도 '사슴앓이'라는 어감과 딱 들어맞아서 그럴 것이다.

내 입사 동기들은 대개 지금 이름만 대면 누구나 대뜸 '아, 그 사람' 할 정도로 출세들을 했지만 그땐 다들 경찰서를 돌며 고생고생을 했다.

나는 영어실력 덕에 '사쓰마와리'를 면제받았다. 입사 후 견습 과정을 거쳐 바로 외무부·중앙청으로 출입처가 정해졌던 것이다. 기자가 적었던 그 시절, 경무대—요새로 말하면 청와대—출입기자가 외무부도 혼자서 담당을 했다. 하긴 그땐 경무대에 상설 출입기자실도 없었고 이승만 대통령이 고작해야 1년에 한두 번 기자들을 불렀으니 담당을 겸하지 못할 것도 없었다. 물론 부르지 않는다 해도 틈틈이, 그리고 늘 경무대 동정은 살펴야 했지만.

『연합신문』의 외무부·중앙청 담당이었던 지갑종 선배가 6·25 참전 16개국 순방 준비를 하게 되면서 후임이 필요했다. 한데 마땅한 경력과 영어 실력을 갖춘 후임을 찾을 수 없자, 회사에선 우선 그 일을 내게 맡겼다. 나를 길러볼 요량이었다. 턱 없이 부족한, 아니 아예 말이 안 되는 경력이었지만 영어가 된다는 이유에서였다.

광화문 복판의 중앙청은 당시 전쟁 중에 부서진 그대로 방치되어 있었다. 훗날 김종필 씨가 총리가 된 후 이 을씨년스런 돌집을 고쳤으니 서울 복판에서 꽤나 오랫동안 흉물 폐옥으로 남아 있었던 셈이다. 그 중앙청 뒤편에 '제3별관'이라 해서, 요즘으로 치면 정부중앙청사가 들어가 있었다. 그 제3별관에서 일주일에 두 번, 정례적인 국무회의가 열렸다.

국회는 지금의 서울시 의회 자리에 있었고 『서울신문』은 그 맞은편에 있었으니 오늘날과 별반 차이가 없다고 하겠다. 『조선일보』 자리도 변함이 없다. 내가 일하게 된 『연합신문』은 명동에 있었다.

당시 우리나라 외교는 굳이 오늘날과 비교할 것도 없이, 그 관계선이 몇 되지도 않았다. 우리 외교를 한 마디로 말하자면 대미추수 외교였다. 그 외엔 장개석이 있는 대만, 그리고 유럽의 몇몇 국가와 교통했을 뿐이다. 여타 지역은 관심도 없었다.

그러던 차에, 한일회담은 외무부의 거의 모든 일이었다고 해도 지나치지 않았다. 그것은 외무부뿐 아니라 전후 대한민국 모든 이들의 가장 뜨거운 관심사였다.

이제 막 대학이라는 달걀껍질을 깨고 나온 햇병아리 기자가 그러한 중대사를 혼자서 전담 취재한다는 건 요즘에는 상상도 할 수 없는 일이다. 그건 사실 사회 전 분야에서 체계가 꽉 잡히지 않은 그 예전이라 가능했다.

내게 한일회담은 한 마디로 거대한 코끼리였다. 그 앞에서 나는 앞을 보지 못하는 장님일 따름이었다. 다가가서 취재를 하면 할수록 되레 감을 잡을 수 없었다. 직속 선배도 없었고 타사 선배에게 물어도 그 역시 아는 게 없었다.

3차 회담까지 열렸지만 취재진이 아는 건 허정이란 사람이 그 회담의 수석대표라는 것, 그러나 회담의 진전은 주로 유태하 주일 공사가 나설 때 이루어지는 듯했다는 것, 유 공사는 이승만 대통령과 직결되어 있다는 점 정도였다. 이런 외부적인 것 외에 정작 알맹이가 될 기삿거리, 실질적인 회담 내용에 대해선 어느 것 하나 알아낼 수가 없었다.

매일 아침마다 외무부를 한 바퀴 빙 돌면서 각 부서 국장이나 과장들에게 이것저것 물어보면 그저 건성으로 답할 뿐이었다. 물어보는 것에 예, 아니오 정도가 아니면 기껏해야 나도 알고 있는 걸 뭐 새로운 것인 양 말하며 생색을 내곤 했다.

이거야말로 매일 눈 먼 사람이 코끼리 만지는 격이 아닌가. 다리 만지면서 코끼리란 것이 기둥과 같구먼, 코를 만지면서 아하, 두툼한 호스처럼 생겨 먹은 게 코끼리네, 하는 식.

나는 갈수록 더 불안하고 초조했다. 내가 초짜라 그런 것은 아닐까, 타사 선배들은 그래도 베테랑들인데 뭐라도 나보다는 명민하게 잡아내고 눈치 챈 것이 있지 않을까······.

문제의 실마리는 다소 엉뚱한 곳에서 풀렸다.

그즈음 대학 동기들 모임이 있었다. 그 자리에서 나는 모처럼 긴장을 풀고 친구들에게 푸념을 늘어놓았다.

"요즘 진짜 미치겠다. 이건 숫제 밤에 깊은 물속에서 허우적대는 꼴이라니까. 외교부 사람들도 그래. 한일회담만 한 국가적인 중대사, 관심사가 또 어디 있어. 그걸 어떻게 자기들끼리만 꽁꽁 숨겨놓고 말 한 마디 제대로 해주는 인간이 없냐. 다른 사람들도 뭐가 어떻게 돌아가는지 알아야 할 거 아냐. 자기들만 대한민국 국민이야? 안 그래?"

그러자 유심히 듣고 있던 최각규가 말했다.

"야, 지금 우리 하숙집에 외무부 사무관도 있거든. 근데 가만히 보면 그 사람이 아무래도 한일회담 실무 담당인 것 같아. 그 사람을 한 번 만나보면 어떨까."

"어떻긴 뭘 어때. 아, 당장이라도 만나봐야지."

바로 그 다음날, 일요일 아침부터 나는 혜화동 최각규의 하숙집으로 찾아갔다. 그 사무관을 만나 인사를 하고 한일회담에 관해 몇 가지만 좀 물어보자고 부탁을 했다. 그는 외무부 공관이 아니고, 쉬는 날 자기 하숙집이라 그랬는지 경계하는 빛도 없이 내가 묻는 사안들에 술술 답을 해주었다. 하다가 막히면 어떤 두툼한 자료집을 가져다 그걸 뒤적이면서 얘기를 해주었는데 넘겨다보니 그렇게도 몸 달아 취재하려 했던 한일회담 내용이 거기 다 들어있는 듯했다. 나는 눈치를 봐서 이렇게 제안을 했다.

"쉬는 날 이렇게 일일이 귀찮게 해서 제가 너무 죄송합니다. 이렇게 아니라 제가 지금 그 책을 읽어보는 게 편하지 않으시겠어요?"

"그럼, 그럴까요? 나도 요 앞에 잠깐 나갈 일도 있고 한데."

그가 책을 건네주었다. 나는 신이 나서 그 책의 부분 부분을 베끼고 내용을 요약해 쓰기 시작했다. 금세 점심때가 지났고 사무관이 돌아왔다. 뜨끔했다. 밥도 안 먹은 채 베끼고 있었지만 워낙 시간이 촉박해서 얼마 하지도 못한 상태인데…….

사무관이 말했다.

"어떻게, 책은 도움이 좀 되셨소?"

"예, 뭐…… 근데 아직……."

그때 최각규가 나서 주었다.

"나하고 오랜만에 만나서 얘기하느라 얼마 못 봤어요. 선배님 괜찮으시면 이 책을 한 이틀 빌려주시면 어때요? 이 친구 내가 보증할 수 있는데."

사무관이 나와 최각규를 한 번씩 둘러보더니 말했다.

"그러든지."

아마 한 지붕 아래 한솥밥 먹고 사는 후배 청을 잘라버리기가 편하진 않았을 것이다. 나는 그 책을 집으로 가져와서 여유 있게 공부를 해가며 베꼈다. 그 덕에 한일회담에 관한 한 그 당시 어느 선배 기자보다 해박해질 수 있었다.

청구권 문제는 이렇고, 재일교포 지위 문제는 저렇게 돌아가고, 일본과의 동해 국경 문제는 이승만 라인으로 하고……. 그 아리송했던 이승만 라인이라는 건 한반도 주변 바다에 한국의 주권이 미치는 수역(水域)을 선언한 경계선으로 해안에서 50~100마일, 평균으로는 60마일 범위 내의 수역을 배타적인 주권지역으로 설정한 것이지만, 실상 이 선은 어업 환경이 우리보다 월등한 일본으로부터 우리 바다를 지키고 독도를 우리 영토로 재확인하기 위해 만든 것이었다. 그런데 이 선은 더글러스 맥아더$^{Douglas\ MacArthur}$가 독도 바깥으로 그어놓은 국경선과 하등 다르지 않아서 선언적 의미는 컸지만 특별할 것은 없다는 걸 알고는 허탈하기까지 했다.

자, 덤벼라, 한일회담!

나는 비로소 자신감을 갖게 되었다. 한일회담의 어떠한 사안에서도 돌아가는 판세를 스윽 보면 이게 지금 어떤 상황으로 변해가는지 감을 잡을 수 있었다. 눈을 감은 채 다리와 코나 만지고 있던 코끼리를 그제야 타고 앉은 격이었다.

그때 일을 생각하면 나는 지금도 최각규가 고맙다. 그는 나중에 우리나라 경제기획원 장관에 부총리까지 역임했다. 그게 다, 평소 착한 일을 많이 해서 복을 받은 결과일 것이다.

02.
출세한 아들, 주미대사와의 공중 대담

한일회담은 지지부진했다. 이승만 대통령과 '직결'이라고까지 했던 유태하 주일공사가 나서면 얼마간씩 진전되는 듯했지만 결국 마찬가지였다.

한국과 일본, 두 나라 간 회담타결을 위해 새로이 투입된 사람이 있었다. 양유찬 주미대사였다. 고지식하게 생각하면 좀 엉뚱하고 말이 안 되는 인사이긴 하다. 한·일 간 문제에 웬 미국 대사? 한데 바로 여기서 당시 한일회담에는 이승만 대통령보다 미국의 입김이 더 강하게 작용하고 있지 않았나 짐작할 수 있다. 양유찬 대사, 그는 미국통으로 미 정부와도 가까운 사람이었다. 웬만한 일로는 국내에 들어오지도 않았었다.

　그는 이승만 대통령을 만난 후 부산대학교에서 명예 박사학위를 받으러 국내선 특별기에 올랐다. 그 특별기는 열 명 정도 탈 수 있는 크기라 경호원들 외에 취재기자는 나와 『경향신문』의 윤금자 기자 단 두 명만 탈 수 있었다. 그 많은 기자들 중 왜 하필 나였는지, 또 왜 『경향신문』 윤 기자였는지 지금은 잘 기억나지 않는다. 다만 양 대사가 오기 전 한일회담에 관한 취재에서 다른 이들보다 좀 더 적극적이고 질문 내용이 상대적으로 실했던 게 그 이유 아니었나 싶다.

　이 당시 국제선은 김포공항에서 이착륙을 했고 국내선은 여의도에서 떴다.

　양 대사의 비행기에 오르기 전, 나는 사실 설렜다. 대부분의 사람들이 아직 보릿고개 넘기기도 힘겨워 하던 시절에 비행기는 아무나 타나. 세상 태어나서 그날 나는 비행기를 처음 타봤다.

　어머니는 그 사실이, 당신 아들이 출세를 해서 비행기 탄다는 그 사실이 마냥 흐뭇하셨나 보았다. 나 비행기 타는 모습을 보러 고향에서 올라오신 것이다.

　비행기가 막 이륙을 했을 때 창밖 저 밑에 계신 어머니를 보았다.

어찌나 환한 얼굴로 올려다보고 계시던지……. 순간 그 모습이 어찌나 아프게 다가오던지. 왜 그렇게 가슴 한 구석이 아렸는지 모른다. 아, 우리 어머니도 빨리 이런 비행기 태워드려야 할 텐데, 라는 생각을 했지만 그 생각 때문만이라고 하기엔 그리도 마음이 아파왔던 게 설명되지 않는다.

"영수야, 영수야……!"
뜬금없게도 어머니가 열두어 살배기 형과 나를 부르며 쫓아오던 기억도 빛바랜 흑백 삽화처럼 떠올랐다.

그날도 형과 나는 장기를 두다 싸웠다. 형은 장기를 좋아했지만 잘 두지는 못했다. 장기를 두자고 한 사람도 형이었고, 두다 물러달라며 시비를 건 사람도 형이었고 결국 장기 알 대신 주먹을 들이대어 판을 깬 사람도 형이었다. 형은 동네 골목대장이었고 나는 형의 감시자 역할을 하며 챙기고 다녔지만, 장기를 둘 때 형에겐 미움받이일 뿐이었다.

아무리 주의를 주고 야단을 쳐도 이놈들 장기판 앞에서 싸움을 그치지 않으니 급기야 어머니는 대로하셔서 장기 알과 판 모두를 화장실에 팽개치셨다. 우리 형제는 달아나기 시작했다. 어머니는 우리 이름을 부르며 쫓아오셨지만 형과 나는 멈추지 않았다.

"영수야, 영수야!"

어머니의 부름을 등 뒤에 떨구고 형제는 산모퉁이를 돌아 다른 읍까지 달아났다. 거기서 비로소 숨을 돌렸다. 어머니는 집에 돌아가 탄식을 하셨다 한다. 이 녀석들 에미 속도 모르고……. 나중 알고 보니 그렇게 달아나는 우리 형제 뒷모습이 어머니 눈에 문득 안쓰럽게 비쳐서, 어머니는 우리가 좋아하는 읍내 국밥이나 한 그릇씩 사 먹일 요량이었다. 그런 줄도 모르고 형제는 무슨 저승사자 피하듯 어머니에게서 도망을 쳤으니, 어린 마음에도 정말 죄송했다. 그 이후 형과 나는 두 번 다시 싸우지 않았다.

비행기가 제 궤도에 오르면서부터 양 대사와의 인터뷰가 본격적으로 진행되었다.

한일회담에서 미국 입장은 어떠한지부터 물었다. 이승만 대통령과의 면담에서는 한일회담 의제 중 특별히 어떤 걸 집중적으로 다루었는지를 물었다. 그리고 그 개별 사안들을 일일이 들추며 미시적으로 파고들었다.

양 대사는 말을 극히 아꼈다.

나는 어쩔 수 없이 그간 내가 알아내고 취재한 사안들을 풀어놓고 이건 맞느냐, 틀리다고 하면 어디가 틀리느냐, 왜 달라졌느냐는 식의 확인과 보충 질의의 형태로 논의를 진행할 수밖에 없었다. 내가 하는 질문을 듣고 흠흠…, 하며 고개를 끄덕이거나 젓거나 하던 양 대사는 어느 순간 나를 빤히 바라보았다. 그러곤 갸웃하였다. 분명 의아해하는 눈치였다.

'어, 이 새파란 기자가 어떻게 그런 것까지 알고 있지……?' 하는 표정이었다.

'당연하지, 난 외무부 실무 자료를 베끼고 달달 외다시피 했는데!'

지금은 어떤지 모르지만 예전엔 누군가 명예박사 학위를 받게 되면 그 수여식장에서 반드시 국가정책에 대한 언급을 하는 게 관례였다. 나는 내심 양 대사 이 양반의 수여식장 연설을 기대했다. 기대대로 그는 한일회담에 대한 언급은 했지만 원칙적인 이야기 외엔 다른 어떤 내용도 없었다.

그렇게 긴 논의와 관심 속에 진행된 한일회담은 결국 이승만 정권 아래에서는 타결되지 않았다. 그것은 나중에 김종필 씨와 일본의 오히라(大平正芳) 외상 간의 소위 '김—오히라 메모'로 국가적 갈등과 화제를 낳으며 치열한 외교전 끝에 결말을 지었다. 이에 대해서는 뒤에서 자세한 얘기를 하려 한다.

03.

『경향신문』 강제 폐간과 필마단기

『연합신문』 기자 시절 한일회담 외에 가장 강렬하게 기억에 남아 있는 사건이 하나 더 있다. 『경향신문』 강제 폐간이 그것이다.

이승만 대통령은 항간에 얘기되는 대로 건국에 공이 있다 해도 그 이후 장기집권과 독재로 인해 그 공에 지울 수 없는 얼룩이 지고 만 사람이다. 자유당 치하 국민들은 '그래도 이승만은 어쩔 도리 없다.' 생각한다 치고, 그 밑의 정치인들을 몹시 못마땅해 하였다. 이기붕이 대표적인 경우였다.

그는 자타가 인정하는 정권의 2인자였지만 부통령 선거에서 민주당 장면에게 지고 말았다. 개표 부정을 못하도록 개표소 밖에서 시골 할머니들까지 두 눈 시퍼렇게 뜬 채 지키고 앉아 있었다. 개표소마다 그러했으니 부정을 하더라도 대세에 영향을 줄 만큼은 하기 어려웠을 것이다. 그처럼 이승만 정권은 국민들의 마음에서 멀어져 있었고, 그 반발 심리가 합쳐져 민주당의 인기가 치솟았다.

자유당과 경무대(청와대의 이전 명칭)에서는 이런 흐름을 뒤집으려는 안간힘으로 1956년 8월 15일 남산 옛 조선신궁 부지 3,000평에 이승만 대통령의 거대한 동상을 세웠고 그에 앞선 3월엔 탑골공원에 동상을 세우고 제막식을 거행하였다. 이승만 찬가도 만들어 보급했다. 이 찬가는 고무줄놀이 하는 여자 아이들이 많이 부르곤 했다.

    우리나라 대한나라 독립을 위해
    여든평생 한결같이 몸바쳐오신
    고마우신 리대통령 우리대통령
    그 이름 기리기리 빛나오리라
    오늘은 리대통령 탄신하신 날
    … 생략 …

이런 충성 경쟁의 몸부림을 쳤다는 건 그만큼 국민적 기반과 민심이 흔들리고 있다는 반증이었다. 자유당 정권의 허약한 체질을 역설적으로 보여주고 있는 것이다.

당시 신문은 『동아일보』를 제일로 쳤다. 정치인이 기자회견할 때 『동아일보』 기자가 오지 않으면 그 기자가 도착할 때까지 시작 시간을 늦출 정도였다. 가판 판매부수에서 2등은 『경향신문』이었다. 그 다음이 『한국일보』. 지금 1등이라 자처하는 『조선일보』는 『한국일보』와 더불어 조간이었고 나머지는 모두 석간이었다. 어느 신문사나 서로 간에 치열하게 취재 경쟁을 벌였다.

나름 탄탄한 야성을 보이며 정권에 경고를 날리던 『경향신문』은 가톨릭 재단에서 운영하고 있었다. 한데 선거에서 이기붕을 꺾고 부통령직을 차지한 장면은 독실한 가톨릭 신자였다. 『경향신문』은 이래저래 이기붕에겐 눈엣가시가 되지 않을 수 없었다.

그 『경향신문』에 「여적(餘滴)」이라는 단평 칼럼난이 있었다. 원고지로 치면 3~5매 정도 분량이 될 것이다. 餘滴이란 한자는 남을 여, 물방울 적자다. 통상 무슨 일이 끝난 다음의 남은 이야기란 뜻인데, 촌철살인의 글발로 세상을 비평하거나 풍자한다는 의미가 담겨 있다. 이 칼럼은 『경향신문』 창간호부터 시작하여 강제 폐간기를 제외하곤 지금까지도 끊이지 않았으니 대단하다 하겠다.

『경향신문』 폐간 사건은 바로 이 「여적」이 꼬투리가 되어 일어났다. 1959년 2월 4일자 「여적」에는 객원 논설위원이었던 시인 주요한의 글이 실렸다. 그는 미국 노트르담 대학University of Notre Dame 정치학 교수인 허멘스Ferdinand Hermens의 「다수의 폭정」이란 글의 논거를 들어 자유당 정권에게 경고를 보내며 꾸짖었다. 그 중 가장 핵심이 되는 부분은 이렇다.

1959년 2월 4일자 「여적(餘滴)」
『경향신문』 폐간 사건의 단초가 되었다. 출처 : 국가기록원

...... 한국의 현실을 논하자면 다수결의 원칙이 '관용·야당·설득'에 기초한다는 정치학적 논리가 문제가 아닌 것이요, 선거가 올바로 되느냐 못되느냐의 원시적 요건부터 따져야 할 것이다. 물론 '진정한 다수'라는 것이 선거로만 표시되는 것은 아니다. 선거가 진정 다수결정에 무능력할 때는 결론으로는 또 한 가지 폭력에 의한 진정 다수결정이란 것이 있을 수 있는 것이요, 그것을 가리켜 혁명이라고 할 것이다. 그렇다면 가장된 다수라는 것은 조만간 진정한 다수로 전환하는 것이 역사의 원칙인 것이니 오늘날 한국의 위기를 대국적으로 파악하는 출발점이 여기 있지 않을까.

인용하고 보니 어째 오늘날 상황과도 그리 무관치는 않아 보인다.

자유당에서는 이 글이 외세 의존적, 반정부적이며 국민을 터무니없이 선동하고 있다며 비난을 퍼부었다.

1959년 4월 말, 그날따라 나는 밤늦게까지 회사에 있었는데 마침 독자로부터 한 통의 제보 전화가 들어왔다. 무슨 일인지 그 시간까지 중앙청 제3별관에 불이 환하게 켜져 있다는 것이었다. 그것은 심상한 일이 아니었다. 국무회의든 이런저런 관계 장관회의든 그곳에서 모두 낮에 하기 때문에 건물 전체가 환하도록 밤에 불이 켜져 있을 일은 없기 때문이다.

나는 회사 지프차를 타고 서둘러 그곳으로 갔다. 과연 온 건물이 환했다.

'무슨 일이 있긴 있구나.'

나는 회의하고 나오는 사람이면 누구든 붙들고 물었다.

"안녕하세요? 『연합신문』 김영수 기잡니다. 이 시간에 중요한 회의가 있었나 봅니다. 어떤 일이지요?"

다들 슬슬 피하기만 할 뿐 대꾸조차 제대로 하지 않았다. 나중엔 나도 강하게 나갔다.

"이 시간에 대체 여기 모여 뭘 한 겁니까?! 기자를 이렇게 피하는 이유는 또 뭡니까? 제 마음대로 상상해서 기사를 쓰라는 겁니까. 그래도 된다는 겁니까?"

그랬더니 돌아오는 대답은 이것이었다.

"곧 있을 3·1절 행사 논의를 했소."

"아니 그걸 왜 이 한밤중에 합니까?"

"3·1절이 우리한테 얼마나 중요한 날이요? 그러니 밤낮 가리지 않고 머리를 맞대고 행사 회의를 한 건데 뭐 문제 될 게 있소?"

그 능글맞은 답변을 들으니 내 속이 다 느물느물해졌다.

이거 뭔가 있는데, 냄새는 나는데……. 애가 탔지만 더 파고들 수는 없었다. 기자라곤 나 혼자였고 저들의 가면은 어느 때보다 단단해 보였다. 필마단기로 훈련 잘 된 적진에 뛰어든 격이었다.

며칠 후, 1959년 4월 30일 『경향신문』 폐간 결정이 내려졌다. 폐간 명분은 '공산당의 흉계를 분쇄한다'는 것이었다. 폐간의 공식적인 근거는 군정법령 88호 위반이었다. 당시 공보실에서 나온 폐간 통고서에는 이렇게 쓰여있다.

"『경향신문』이 수차례 허위사실을 보도해 국헌을 문란케 하고 공공질서를 파괴해 법률에 위배되므로 법령 제88호에 의해 폐간한다."

「여적」의 필자 주요한과 한창우 당시 사장을 검찰은 내란선동 혐의를 적용해 기소했다. 특히 주요한에게는 그전에 내란예비음모죄를 적용, 구속영장을 신청하기도 했었다. 내가 제3별관으로 달려갔던 바로 그 밤, 정부 인사들이 모여 그런 폐간 논의를 한 것이 틀림없어 보였다.

나는 아뿔싸, 하는 심정이 되었다. 그 밤, 내가 좀 더 열심히, 한 걸음이라도 더, 한 순간이라도 더 밀고 들어가 물고 늘어졌더라면 어땠을까. 막을 수 있었을까?

폐간에 대한 반발 여론이 들끓었고 『경향신문』 측에서는 법에 호소를 했지만 워낙 강권통치 시기였으므로 그 이상의 저항은 나오지 못했다. 그해 6월에 서울고법이 『경향신문』 폐간 조치가 부당하다는 판결을 내리자 정부는 발행취소 대신 발행무기정지라는 행정처분을 내렸다. 『경향신문』 폐간은 이승만 정권이 각 언론사에 보내는 일종의 위협이며 그 자체가 탄압이었다.

이승만 대통령은 기자회견에서 이런 말을 한 적이 있다.

"『동아일보』와 『경향신문』은 있는 말 없는 말을 하여 민심을 소란이산케 하였으며 정부를 때리기만 하는 신문이다. 그런 신문은 앞으로 귀찮게 굴어서 단속해야겠다."

영향력 1, 2위 신문도 까불면 한 순간에 갈 수 있다, 갔다, 다음 나설 놈 누구냐? 이런 식이었다.

또한 1958년에는 국가보안법을 개정하여, '적을 이롭게 할 목적으로 관공서, 정당, 단체 또는 개인에 관한 정보를 수집하는 자'를 처벌하도록 했다. 언론의 취재 활동에 국가보안법이 적용될 소지를 크게 만든 것이다.

그러나 그로부터 정확히 1년 2개월 후 이승만 정권은 무너졌다. 이승만 대통령 하야 후 『경향신문』은 복간되었다. 나중에 좀 더 얘기하겠지만 『경향신문』은 그 후로도 그리 평탄한 길을 걷지 못했다. 아마도 『경향신문』은 우리 현대사에서 가장 파란과 곡절이 많았던 신문 중 하나가 아닐까 싶다.

04.
혁 명
취 재

4·19. 「여적」에서 경고했던 대로 1960년 4월 19일, 혁명은 일어나고야 말았다. 이승만 대통령과 그의 정권에 민심이 등을 돌린 건 그 훨씬 전부터였다.

신익희와 조병옥의 급서

신익희 선생은 1956년 민주당 대통령 후보 때 호남지방으로 유세를 가던 열차 안에서 뇌일혈로 급사했다. 그땐 내가 아직 기자에 입문하기 전이지만 그의 국민적 인기가 얼마나 대단했는지는 생생히 기억한다.

그가 이승만 후보에 맞서 한강 백사장에서 대통령 선거연설을 했을 때 모여든 인파는 정말 대단했다. 개발하기 전의 한강 기슭이라 곳곳에 모래 둔덕이 있었는데 그 둔덕마다 사람들이 새까맣게 올라 있었고 바닥엔 사람의 파도가 쳤다. 정치학과 학생이었던 나도 그 자리에 있었다. 민주당 쪽에선 무려 100만 인파라고 했다.

아마도 그 인파를 보고 신익희 선생은 설레었을 것이다.

'아, 이제 정권이 우리에게, 나에게 오는구나.' 당시 그런 인파를 보고 기대를 하지 않는다면 그게 오히려 이상한 일일 것이다. 실제로 그가 지방유세를 하러 내려갔다가 이리역에서 그렇듯 갑자기 작고하지 않았다면 정권을 인수했을지도 모른다. 물론 집권세력의 부정선거라는 큰 벽을 넘어야 하는 짐이 있긴 했지만.

그의 부고가 나자 민심은 요동쳤다. 이승만 일파가 죽였다는 풍문도 돌았다. 내 생각엔 유명을 달리 할 당시 신익희 선생은 민주당 사람들 속에 있었으니 그를 죽이긴 어렵지 않았을까 싶다. 요는 민심이다. 신익희 선생이 병사를 했다 해도 타살로 생각하는 국민이 적지 않았다는 건 그 의미하는 바가 매우 크다. 정권의 생명이 끝을 향해 달려간다는 걸 보여주는 것이다.

1960년 제4대 대통령 선거 직전엔 민주당 후보였던 조병옥 박사가 역시 급사하였다. 자유당 사람들은 그를 따라다니며 그의 건강상태를 유심히 살폈는데 그들 사이에 이런 소리가 돌았다.

'화장실에서 하혈을 하더라.' '아랫도리가 피투성이더라.' '오래 못 간다. 이승만이 대통령 더 한다.' ……

그들이 관찰은 틀리지 않았다. 얼마 후 조병옥 박사는 '진단적 개복수술'을 받으러 미국의 월터 리드$^{Walter\ Reed}$ 군병원으로 떠났다. 그가 떠나는 김포공항으로 민주당 인사들과 취재진, 그리고 국민들이 환송을 나갔다. 나도 그 자리에 있었다. 당시 분위기를 염두에 두고 생각해보면 조 박사는 온 국민의 환송을 받으며 떠났다고 해도 과언이 아니다. 많은 이들이 그의 무사 귀환을 바라며 눈물을 보였다. 그들 모두에게 조병옥 박사는, 그 후 항간에 회자되던 유명한 말을 남기고 떠났다.

"낫는 대로 지체 없이 달려오리라."

하지만 이 말은 그의 유언이 되고 말았다. 그는 싸늘한 시신이 되어 돌아왔다. 월터 리드 병원에서 건강이 좋아져서 산책도 하고 곧 돌아온다는 소식도 전해 왔는데 그곳에서 갑작스레 돌아가셨다.

그의 유해가 돌아올 때 나는 합동통신 기자로서 당 관계자들, 그리고 애도하는 군중과 함께 맞이했는데 탄식이 절로 나왔다. 참, 야당은 복도 지지리 없구나. 신익희, 조병옥. 4년 사이에 이런 두 거목을 잃다니…….

이때도 많은 이들이 조 박사의 죽음에 의문을 품고 정권에 의심의 눈초리를 보냈다. 이후 3·15 부정선거가 치러졌고 그 얼마 후 4·19의 결정적인 도화선이 된 마산 사건이 터졌다.

무엇을 상상하든 그 이상—부정선거의 풍경

3·15 부정선거 전에 경북 영일을구와 경남 양산구에서 보궐선거가 치러졌다. 그 보궐선거에서마저 저들이 부정을 저질렀는데, '부정을 저질렀다'고 말하는 게 어딘지 정확하지 않은 것 같다. 무슨 말인가 하면 선거 자체가 완벽한 부정이고 날조였으니 그 엉망진창인 데서 부정을 저지른다는 건, 즉 올바른 선거를 한다는 의미가 된다. 부정의 부정은 긍정이니까.

내가 지켜본 양산 재선거는 한 마디로 '3인조 공개·감시 투표'였다.

그때도 선거는 대개 시골 초등학교에서 했다. 교실에 차려놓은 칸막이 투표소 옆에 책상을 높다랗게 포개어 놓고 그 위에 어떤 사람이 앉아 유권자들이 투표하는 모습을 내려다보고 있었는데 그는 형사였다. 그뿐 아니다. 투표소 안에는 동시에 세 사람이 들어간다. 그 셋 중 하나는 조장이다. 나머지 두 사람은 투표한 용지를 조장에게 보여줘야 한다. 여당 후보를 찍었나 안 찍었나. 위에서는 형사가 내려다보고.

기가 막혔다는 말도 하기 어렵다. 그러나 그건 고작 내가 목격한 일부에 지나지 않았다. 자유당은 야당 참관인을 매수하거나 협박하여 대개는 퇴장시켜 버렸고 약 40%의 유권자에게 불법으로 사전 투표를 시켰다. 그 외 유령 유권자의 조작, 야성을 지닌 유권자에 대한 기권 강요 및 기권자의 대리투표, 투표함 바꿔치기, 득표수 조작 발표 등 다양하기도 했다. 그것은 투표가 아니라 숫제 투표를 빙자한 대국민 억압이었다. 어느 영화 광고 문구처럼, 선거 부정에 대해 무엇을 상상하든 그 이상이었던 것이다.

그 후 3·15 대통령 선거가 시행됐는데 그건 부정선거의 전국적 심화일 뿐이었다.

선거 후 중앙선거관리위원회에서는 이승만이 전체 유권자의 92% 표를 얻어 대통령에, 이기붕은 78%를 얻어 부통령에 각각 당선

자유당 중앙당부 게시판의 3·15 대통령 선거 개표상황
부정 그 자체의 선거 당선은 국민의 공분을 불렀다. 출처 : 국가기록원

되었다고 발표했다. 그랬으니 국민 저항이 없을 수가 있나. 4·19 후, 3·15선거 당시 내무부장관이었던 최인규는 자신이 부정을 저질렀음을 시인하고 사형을 당했다.

1차 마산 사건

4·19 당시 나는 합동통신에 적을 두고 있었다. 그때 기자들은 이직이 잦았다. 출입처 기자들끼리는 회사에 상관없이 대개 선후배로 친하게 지낸 데다가 전체 기자 수도 지금보다 훨씬 적어서 어디로 옮겨 가든 결국 한 배 안이라는 의식이 강했다. 합동통신사는 AP, AFP 등 외국의 유수한 통신사들과 특약이 되어 있고 그런 만큼 신문사보다 언론사 전체에 파급력이 높았다.

3·15 부정선거 후 정국은 화산 폭발 직전과도 같았다. 전국 각급 도시의 땅 밑에 용암이 끓고 있는 형국이라 어디에서 최초의 사건이 일어날지 몰랐다.

나는 대구에서 사건이 터지리라 예상, 내지는 확신하고 있었다. 그래서 대구 특파원을 자원하여 선거 전부터 혼자서 내려가 있었다. 그러나 일은 결국 마산에서 터졌다. 어디서든 터져야 할 것, 터질 수밖에 없던 것이 벌어졌기 때문에 별로 놀랍지도 않았다.

선거 당일부터 학생들을 중심으로 부정 선거를 규탄하는 대규모 시위가 벌어졌고 이를 강제 해산하는 과정에서 여러 명이 죽거나 다친 모양이었다.

나는 대구역에서 밤을 새고 새벽 첫차로 부산의 『부산일보』 합동통신 지사로 내려가서, 지프차를 빌려 마산으로 향했다. 마산에서는 그 외곽에서부터 차량을 통제했다. 그러나 합동통신과 AP통신 깃발을 각각 하나씩 달고 달리는 지프를 막진 못했다. 합동통신 깃발 하나만 있었으면 분명 쫓겨났을 것이다. 당시는 외교도 미국을 따라 하던 때라서, AP통신 잘못 건드리면 큰일 나는 수가 있다고 그들은 생각했다. 사실 틀린 생각도 아니다.

나를 통과시키고 배알 틀어진 그들이 등 뒤에서 하는 말이 들렸다.

"저거 에이피 기잔데 좀 이상하지 않아?"

"그래, 한국 놈 같지?"

한국 놈 같은 게 아니라 한국 놈, 아니 한국 분이다, 이놈들아.

경찰의 최루탄이 한쪽 눈에 박힌 채 사망한 마산상고 김주열 군은 나중에 그 시신이 마산만에 떠올랐지만 이때까지만 해도 시위 중 행방불명 상태였다. 그의 어머니는 울부짖고 다녔다.

"우리 아들이 전북 남원에서 학교 때문에 이리로 왔는데 여기서 사라졌다. 어디로 잡아 갔나……. 내 아들 내놔라!"

국회에서 진상조사 특위가 마산으로 내려와서 조사를 진행했지만 정부 당국과 현지 경찰의 발뺌과 완강한 모르쇠로 알아낼 수 있는 것이 없었다. 성난 민심 동향이 뜨끔했던지 이승만은 3월 23일에 최인규 내무부장관을, 28일엔 이강학 치안국장을 해임하였다.

나는 『마산일보』에서 아침저녁으로 시위 상황 기사를 전송했다. 『마산일보』는 합동통신과 특약을 맺고 있어서 AP, AFP는 물론 국내 단신들에 대한 통신료를 우리에게 지급해야 했는데, 그걸 내가 서울 본사로 기사 송고하며 내는 비용으로 쓰면서 나중엔 서로에게 주고받을 돈이 없게 되어버렸다. 그만큼 내가 기사를 죽도록, 부지런히 썼다는 얘기다. 당시 지방지는 거의 합동통신의 내 기사로 채웠을 정도였다.

AFP통신은 마산학생시위를 민주적 생활에 대한 열망과 능력을 다시 표시한 반정부 시위라고 했다.

이강현 선배

객지에서 사건 취재에 아무리 몰두해 있던 판이라 해도 때로 혼자 밥 먹으며 한숨 돌릴 땐 외로운 법이다. 그런 참에 『동아일보』 사회부 이강현 선배가 내려왔다고 하는 게 아닌가. 반가웠다. 그는 법조계 출입을 하며 이승만 정권이 뭐라든 아랑곳 않고 속 시원히 기사를 써댄 것으로 유명했다. 그가 그렇듯 거침없이 필봉을 휘두를 수 있었던 데는 호방한 그의 기질이 작용한 탓도 있겠고, 초대 대법원장을 지낸 김병로의 힘도 큰 몫을 했다.

김병로 대법원장은 일제하에서 매년 100여 건에 달하는 독립지사 변론을 하며 항일을 실천했던 인물로, 꼿꼿하고 해박한 법률지식의 소유자였다. 그는 대법원장을 하면서 이승만 정부에 노골적으로 요구하였다.

'법조는 건드리지 마라!'

김병로 대법원장이 버티던 그 서슬에 이승만도 대법원만은 건드리지 못했던 것이다. 오죽하면 당시에 법조 기사만 믿을 만하다는 말까지 있었을까. 그 살아있는 법조 기자들 중 대표 주자가 바로 이강현 선배였다.

마산에서 그의 숙소는 이름도 으리으리한 동양호텔!(이름만 그렇고 실제는 그냥 여인숙이었다.)

"이 선배!"

방에 들어가 보니 방바닥에 소주 됫병 두어 개만 뒹굴려져 있고 이강현 선배는 한 구석에서 이불도 없이 쪼그려 자고 있었다. 내 기척에 그가 부스스 일어났다.

"선배, 왜 이러시오? 어디 아픈가?"

"아니, 밤새 술 먹었어."

술, 그는 언제나 술을 먹었다. 그때 신문사 사회부 기자는 다들 그랬다. 오죽하면 호기 있게 사회부 기자하는 사람은 나이 쉰을 못 넘긴다는 말이 다 있었을까. 그런 말을 하면 이강현 선배는 큰 소리로 웃어젖혔다.

"야, 내가 말이지, 예전에 창을 했던 사람이야, 창! 판소리 알지? 난 술 암만 먹어도 괜찮아. 암! 괜찮고말고."

창을 한 건 맞는 것 같았다. 그의 목소리는 척 들어도 보통 사람과 달리 탁 트여 있었다. 한데, 자긴 주야장취(晝夜長醉)도 괜찮다고? 나중에 그 역시 나이 50을 못 넘겨서 5, 6년 후배인 내가 그의 상가(喪家)에 가고 말았다.

이강현 선배는 날이 어둑어둑해지고 시간이 저녁 7시를 넘어가자 슬슬 외출복을 챙겨 입었다. 나는 갸웃했다. 그때 마산은 저녁 7시부터 아침 5시까지가 통금시간이었다. 시위 방지를 위해 아예 초저녁부터 거리에서 사람 발길을 떼어놓으려는 거였다. 기자라고해서 예외가 될 순 없었다.

"나가려고요?"

"그래."

"지금 통금 시간 아니요."

"그러니 나가는 거지."

"예? 나가서?"

"나가서 돌아다니다 붙잡혀 가는 거지."

그쯤에서 나는 눈치를 챘다.

"선배 얘기는 그러니까……."

"그렇지! 내가 잡혀간 그 파출소나 경찰서에 통금위반으로 잡혀온 다른 많은 사람들이 있을 거 아니냐. 데모하다 잡혀온 학생도 있을 거고 술 한 잔 걸치고 집에 가다 끌려온 사람도 있을 거고. 그 사람들 지금 엄청 두들겨 맞고 있잖아."

"그래서 그 사람들 취재를 한다?"

"두말하면! 어때? 김 기자 같이 안 갈래? 취재하다 죽도록 얻어터지는 수도 있으니까 알아서 해."

나는 벌떡 일어나며 반색을 했다.

"와이 낫(Why not)!"

함께 나가면서 나는 '역시 이강현 선배'라고 생각했다. 그런데 선배도 예상치 못한 요소가 있었다.

경찰은 거리마다 3인조씩 짝을 지어 곤봉을 차고 순찰을 돌았다. 우리는 그들이 돌아다닐 만한 곳만 골라 거리거리에서 그들을 찾아다녔지만 쉽사리 잡혀가지지 않았다. "당신들 뭐요?" 하며 우릴 붙잡은 경찰이야 물론 많았다. 한데 이들은 대개 우리 인상착의를 스윽 훑어보며 갸웃갸웃한 끝에 그냥 가라는 것이었다. 그러곤 저희가 먼저 내빼듯 가버렸다. 쫓아가서 왜 우린 차별하냐, 왜 안 잡아가냐 따지고 싶었지만, 실제로 그렇게 해볼까도 싶었지만 그렇게까지 할 순 없는 노릇이었다.

우리는 잡혀가려고 노력했다. 생각해보면 참, 별 희한한 노력도 다 있었던 거다. 인적 끊긴 도로에서 나 좀 잡아가라고 마음속으로 빌며 바리케이드 쳐진 차도와 경찰서 앞에서 큰 소리로 떠들기도 했다.

"경찰들이 어째 우리만 피해 다니는 것 같냐."

"그러게요. 아까 저기서 우릴 쫓아오는 것 같더니. 이 선배, 창이나 한 소절 크게 해보시오."

"그래볼까? ……. 야, 아무리 그래도 여기서 하는 건 좀 어색하다."

그런 노력 끝에 우린 결국 파출소로 잡혀가는 데 성공할 수 있었다. 그러나 유치장으로까지 갈 순 없었다. 파출소 주임이 우리를 아래위로 쓱 훑더니 신분증 보잔 소리도 한 마디 없이 입맛 쓰다는 듯 말했다.

"됐습니다. 그냥 가시오."

"아니, 왜요?"

"근데 이 사람들이…… 그냥 가라는데 무슨 말이 이렇게 많아……."

거기서 유치장을 가려면 일부러 경찰서 기물 손괴라도 해야 하는데 깡패도 아닌 바에야 멀쩡한 정신에 그럴 수도 없고, 세상사 참…….

천하의 이강현 선배도 예상치 못한 건 우리 인상착의였다. 그들, 경찰은 우리를 일반 시위자나 시민으로 보질 않고 기자나 혹은 어떤 기관원 정도로 냄새를 맡았던 것이다. 하기야 두 사람 다 사투리도 안 쓰고 딱 먹물들처럼 생겨먹은 데다 잡아가길 바라는 기색이니 제 아무리 멍청한 경찰이라도 뭔가 이상한 눈치를 채는 게 당연하지.

경찰서를 나서며 이강현 선배가 말했다.

"우리나라 경찰들이 이렇게 똑똑했었나……. 언제 이렇게 됐지?"

선배 말마따나 대한민국의 예전 경찰들은 그나마 눈썰미도 좀 있고 똑똑했던 것 같다.

"이 사람 사상이 의심스럽네!"

시위가 얼마간 소강상태가 되면서 나는 다시 서울로 올라왔다. 김주열의 시신이 마산만에서 떠오른 건 그 직후, 4월 11일이었다. 마산 중앙부두 앞바다에서 꼬막잡이를 하던 어부의 쇠갈고리에 최루탄이 눈에 박힌 소년의 시신이 걸렸던 것이다. 물에 부푼 그 참혹한 보도사진은 지금도 역사를 기록한 한 컷으로 남아있다.

시위는 격렬해졌다. 학생 시위대에 1만여 명의 시민이 가세했다. 그들은 시청과 5개 파출소를 점거하였고 위기를 느낀 경찰은 또 다시 실탄을 발사하였다. 그들 경찰이 3월 15일 1차 마산시위 때에도 시민들에게 정당방위 차원에서가 아니라 추격사격과 수평사격을 가했던 사실은 이미 드러나 있었다. 수많은 시민이 총상을 입고 김영길이라는 19살 학생이 그 총에 또 죽었다. 이는 4·19의 서막이었다.

2차 국회조사 특위가 다시 마산으로 내려갔고 나 역시 마산으로 향했다. 이때는 이미 시위가 전국 주요 도시로 번져있었다. 마산에

4·19 당시 사진
마산시위는 전국 주요 도시로 걷잡을 수 없이 번져 마침내는 서울에서도 부정선거 규탄시위가 전개되었다. 출처 : 국가기록원

서 취재를 하고 있는데 서울에서도 시위가 일어났다고 했다. 나는 얼른 서울행 비행기를 타러 부산 공항으로 들어가는데 그 공항 가는 길에서도 난리가 나 있었다. 시위 군중이 부산진 경찰서에 불을 지르고 경찰은 발포를 했다. 급히 기사를 타전했다. 한데 본사에서 돌아온 반응은 더 급한 것이었다.

"그건 문제도 아니다. 서울에선 정권이 흔들거린다. 기사 보낼 것도 없다. 지방으로 기사 내려보내기 바쁘다. 최대한 빨리 복귀해라."

그때 서울에선 성난 군중이 서울신문사를 불 지르고 세계통신은 몽땅 짓밟아 버렸다고 했다. 『서울신문』은 정부기관지로 인식되었고 세계통신의 사주는 이기붕으로 알려져 있었다. 부산에서 그 소식을 함께 들은 『서울신문』의 선배 기자가 볼멘소리를 격하게 냈다.

"아 이 폭도들이 어디다 불을 지르고 어딜 때려 부숴? 이거 몽땅 빨갱이 폭도들이잖아!"

그 말을 듣자 내 속에서 뭔가 불끈 치미는 게 있었다. 나는 참을 수가 없었다.

"그 사람들이 옳지 않소? 정의감에 불타는 사람들이 어떻게 폭돕니까? 오죽했으면 저래요. 당신이 『서울신문』 기자지만 그렇게 말하면 안 되는 겁니다."

"뭐라? 이 사람 사상이 의심스럽네. 당장 고발해야겠어!"

나도 소리 질렀다.

"그럼 고발하시오. 빨갱이 기자라고 고발해! 이쯤 됐으면 정부가 물러서야지, 이거 어떡할 거요? 당장 고발하시오!"

주위의 다른 기자들이 말리지 않았다면 아마 몸싸움으로까지 번졌을 것이다. 그런 말다툼까지 하고 서울에 온 건 4·19 다음날이었다. 서울에선 이미 격렬한 상황은 어느 정도 지난 상황. 그러나 나는 발이 부르트도록 돌아다니며 취재를 했고 기사를 쓰고 또 썼다. 기자는, '記·者'라는 말 그대로 써야 하는 사람이니까.

자유당 정권은 제자들이 흘린 핏자국을 따라 행진했던 교수단 시위가 있은 다음날, 4월 26일 새벽 다시 서울에 비상계엄을 발동하였다. 차량 통행을 금지하는 바람에 걸어서 출근한 시민, 학생들은 세종로로 몰려들었다. 오전 10시쯤에는 세종로에서 경무대까지 10만 인파를 헤아릴 정도였다. 경무대 앞 계엄군과 시위군중의 긴장은 일촉즉발, 최고조로 치닫고 있었다. 아, 이제 남은 건 발포와 희생, 그리고 유혈투쟁뿐인가…… 하는 절망감이 밀려들었다. 그때였다. 10시 20~30분 경 계엄군의 선무용 스피커에서 이승만의 하야 소식이 흘러나왔다.

4월 28일 이기붕 일가족 4명은 경무대 구내 관사에서 권총으로 집단 자살하였다. 이승만은 경무대를 떠나 이화장으로 거처를 옮겼다. 그렇게, 이승만 독재정권은 무너졌다.

사옥이 불타버린 바람에 신문을 발행하지 못하고 있던 『서울신문』도 28일부터 자진 휴간에 들어갔다.

그 격동기를 돌아보면 개인적으로는 아련한 그리움이 일기도 한다. 혈기왕성했던 시절이어서 그랬을까. 청년 기자의 정의감이었을까. 통행금지와 총기 발포 상황이었지만 나는 일말의 두려움도 없이 4·19, 그 역사의 현장을 누비고 다녔다.

05.

내가 만든 새로운 취재용어
'도꾸누끼(特拔き)'

일제는 우리나라에 철도를 놓으면서 주요 역마다 호텔을 지어놓았다. 그 호텔들을 통칭해서 철도호텔이라고 했는데, 말하자면 그건 철도를 따라 세워진 반도 경략의 거점과도 같은 것이었다. 일본의 권력자나 부유한 사람들이 오면 그 호텔 중 한 곳에 머물며 식민지에서의 활동을 지휘했던 것이다. 서울에는 소공동에 있던 '반도호텔'이 바로 그 철도 호텔이었는데 해방 후 상당기간까지도 그 명칭을 그대로 썼다. 지금은 그 자리에 롯데호텔이 들어서 있다.

4·19 후 장면 총리가 조각을 한 곳도 반도호텔이었다. 당시 정

부 형태는 내각책임제였다. 실권은 총리에게 있다지만 어쨌든 대통령이 따로 있으니 경무대는 윤보선 씨 차지라, 들어앉아 중차대한 결정을 내릴 마땅한 장소 찾기가 녹록지 않았을 것이다. 그렇더라도 일제가 식민 지배를 위해 수도 서울에 세웠던 호텔에, 해방을 지나 독재마저 청산하고 새 출발하는 정부의 조각 본부를 차린 건 역사적 의미에 어울리지 않아 보였다.

민주당은 구파와 신파로 계파가 나뉘어 있었다. 거기에 더해 계파 아닌 계파가 또 하나 있었으니, 소위 '무소속 구라브(그룹)'란 게 그것이었다. 신·구파 어디에도 속하지 않았던 50명가량의 의원들이다. 이들 계파 간 알력은 가볍지 않았다. 애초 구파는 한민당 김성수 씨 계로, 대개 호남 쪽 토지자본가들이 많았고 신파는 영남 쪽 경제 관료라든가 산업자본가들이 주축을 이루고 있었다. 그러나 오늘날과 같은 지역감정은 전혀, 그 개념조차 없었다.

조병옥 박사 서거 후 구파는 윤보선과 김도연이 쌍두체제로 이끌었고, 신파는 장면이 부통령으로서 총리 취임하기 전부터 리더 역할을 했다. 4·19 후 내각책임제에서 빛만 나는 대통령보다 실질 권력자인 총리를 차지하기 위한 경쟁은 치열했다.

구파의 두 리더는 대통령과 총리 자리를 놓고 투표를 했다. 지는 사람이 대통령이었다. 이 투표에서 내 기억엔 23 : 21로 김도연이 승리했고 패배한 윤보선은 대통령이 되었다.(참, 대통령 자리 값싸졌다) 하지만 그렇다고 해서 김도연이 바로 총리가 될 수 있는 건 아니었다. 신파의 리더 장면과의 선거에서도 이겨야 했다. 말하자면 결승이 남아 있었던 것. 1차 지명에서는 김도연이 총리로 지명되었지만, '무소속 구라브'의 입김으로 2차 지명 투표까지 가게 되었다. 무소속 구라브는 신·구파간 치열한 다툼의 중간에서 캐스팅보트의 힘을 만끽하며 현실적인 이득을 취할 수 있었다. 알기 쉽게, 시쳇말로, 탁 까놓고 설명을 하자. 두 계파 간 경쟁이 치열할수록 로비 명목으로 흘러드는 뒷돈이 짭짤했던 모양이다. 아, 물론 확인된 물증은 없다. 당시 분위기가 그랬다는 것이다.

결국 총리는 단 몇 표차로 장면이 차지했다.

장면 총리는 계파를 통합하여 내각 구성을 하려했지만 구파에서는 자존심이 상했던지 '그럴 것 없다. No, Thanks다.' 하고 나왔다. 그런 와중 구파 내부에선 그래도 내각에 참여하려는 사람의 반발로 멱살잡이까지 일어났다. 구파에선 각료 중 5장관은 구파에 배정하라는 뒤늦은 요구를 했다. 그러다 다시 구파가 말을 바꾸어 단독으로 '신민회'라는 교섭단체를 따로 만들기도 하고, 지지부진 우왕좌

왕이었다.

오죽하면 일자리 없는 시민들이 모여 '정치인은 싸우지 말고 실업자를 구제하라'는 플래카드 시위를 벌였을까.

아무튼 취재하는 정치부 기자 입장에선 그 5장관이 누가 될 것인가가 주요 이슈였다. 그 5장관의 추천 문제는 장면 총리가 구파 실력자인 유진산 의원과 만나 결판짓기로 했는데 통행금지가 다 되도록 유 의원이 반도호텔에 나타나지 않았다. 그래서 다음날을 기약하고 기자들 모두 철수하는 분위기가 되었다. 나는 그때 『조선일보』에 적을 두고 있었는데, 우리 『조선일보』 취재팀 나와 이종식, 김인호 기자도 귀가를 했다.

한데 문제는 다음날 터졌다.

어찌된 일인지 5장관 입각에 관한 기사가 『조선일보』에만 빠져 있었던 것이다. 어떤 핑계도 댈 수 없었다. 한 마디로, 놓친 것이다. 실수!

편집국장이 전날 반도호텔에 나가 있었던 우리 세 사람에게 왔다. 노기를 띠었다기보단 어이가 없다는 표정이었다. 평소 화도 잘 안 내고 점잖은 걸로 소문난 작가 송지영 씨가 당시 편집국장이었다.

"중요한 기사인 것 같던데 우리 신문에만 안 났대."

내가 말했다.

"그게 도꾸누끼입니다."

"뭐?"

"도꾸누끼(特拔き), 특발. 특별히 빠진 겁니다."

그러자 편집국장이 웃을 듯 말 듯, 한편으론 어이없는 걸 지나 억장이 막힌다는 듯 날 보더니 이렇게 말했다.

"그런 취재용어도 있었구먼."

그러곤 자기 자리로 돌아가버렸다. 그 등 뒤에서 나는 멋쩍게 웃었지만 이종식과 김인호는 터져나오는 웃음을 간신히 참고 있었다.

'도꾸누끼(特拔き)'

내가 실수를 얼버무리려고 순간적으로 했던 농담인데, 그 후 기자사회에선 꽤 오랫동안 회자되던 '취재용어'가 되었다.

o6.
5·16과 재건운동본부 명단 사건

수녀원의 청일점

1961년 5월 16일 새벽, 반란군의 선두인 해병여단 제2중대가 한강 인도교를 총격전 끝에 건넜다. 이때 박정희 소장은 한강을 내려다보면서 묵직이 혼잣말을 했다고 한다.

"주사위는 던져졌다."

장면 총리는 시력이 몹시 안 좋은 사람이었다. 안경을 쓰지 않으면 손으로 더듬거리며 사물을 짚고 식별해야 할 정도였다. 그런 사람이, "쿠데타가 발생했으니 빨리 피하십시오."라는 현석호 국방장관의 보고를 접하자 안경조차 끼지 않고 도망을 갔다니 어지간히도 급했나 보다. 그 다급한 상황에서 쿠데타 군을 진압하려고 안경도 안 쓴 채 뛰어나간 것이라면 두고두고 명예로운 일화가 되었을 텐데.

반도호텔에 있던 장 총리는 혜화동의 카르멜 수녀원으로 숨었다. 장면 총리는 가톨릭 신자인데다 그 수녀원 바로 옆, 동성상업이라는 학교에서 교편을 잡은 일도 있었다. 그런 것도 연줄이 되었던가 보다. 하기야 남자가 여자들만 사는 수녀원에 숨어 사나흘 간이나 틀어박혀 있으려면 눈곱만한 연줄이라도 내세워야 했을 터이다.

그런 그를 애타게 찾은 건 5·16 쿠데타 군이 아니라 주한미군 사령관 매그루더Carter Magruder였다. 국군을 동원해 저 반란군을 진압하려는데 군 통수권자가 없으니 이러지도 저러지도 못하고 장면을 찾다 찾다 포기하고 말았다. 그때도 전시작전 통제권이 미군에게 있었고 국군 통수권은 형식적으로나마 대통령에게 있었지만 군을 움직이려면 총리의 부서가 필요했다.

매그루더는 윤보선 대통령을 찾아갔다.

"지금 서울 시내로 진입한 반란군은 3,600명밖에 안 됩니다. 1군 산하에서 10배의 병력을 동원해서 서울을 포위하면 쿠데타 군을 진압할 수 있을 겁니다. 헌법상 국군 통수권을 가진 대통령께서 병력 동원에 동의해주시기 바랍니다."

이 요청을 윤보선 대통령은 거절하였다.

"사령관 생각대로라면 차라리 미군을 동원하는 것이 어떻겠소? 지금 내게는 군 통수권이 없소."

그러고는 김준하 공보비서관을 통해 북괴가 넘어올지 모르니 전군은 제자리를 지키라는 명령을 내렸다. 이 명령도 사실은 그의 권한 밖의 일이었다. 내각책임제에선 총리에게 권한이 집중되어 있으니까.

그때 이미 매그루더 사령관은 미군 1개 기갑대대와 한국군 제1야전군 일부 병력을 동원, 서울의 쿠데타군 진압 준비를 마친 상태였다. 그러나 윤보선 대통령은 어떠한 진압 시도도 반대했다. 그래서 어떤 이들은 이때 윤보선이 자신의 정적, 장면 총리를 제거하는 데 있어 얄팍하게도 5·16을 호재로 본 것이 아닌가 하는 추측을 하기도 하는데 일리가 없지 않아 보인다.

그렇게, 대통령으로부터 사실상의 진압금지 명령을 받고 고민에 빠져 있었던 1군 사령관 이한림 중장은 쿠데타에 가담한 부하들에게 체포되어 서울로 압송되고 말았다. 반란군을 진압할 수 있었던 야전군이 사실상 제압된 것이다.

　16일 밤 윤보선 대통령은 중앙방송국을 통해 '장 총리 신변보장할 테니까 한시바삐 나와서 사태를 수습하시라'는 요지의 특별방송을 하였다. '권력총리' 장면은 그 방송이 나가고도 하루 반이 지난 18일 오후에야 중앙청 국무총리 회의실에 모습을 나타냈다. 수사들이 사는 수도원이었다면 몰라도 수녀원에서 청일점이 되어 영원히 살 수는 없었을 것이다.

　그가 그렇게 55시간의 피신 끝에 나와서 한 일은 쿠데타를 추인하고 정권을 넘겨준 것이었다. 그가 도망가 있을 때 일부 언론은, '장 총리가 미 대사관이나 미 8군에 은신하며 쿠데타군에 대한 반격을 준비하고 있는 것 아니냐'는 추측들을 하고 있었으니 기가 막힌다.

　그렇게, 5·16은 '성공한 쿠데타'가 되고 '혁명'이 되었다.

　윤보선 대통령은 경무대 접견실에서 반란군 수뇌부를 만날 때 "올 것이 왔다!"라는 나지막한 탄식을 했다고 한다.

　이 당시 나는 5·16에 몹시 거부감을 갖고 있었다. 4·19로 표출된 민의를 억압한 폭거라는 생각이었다. 나중에 박정희 대통령을 취재하며 경제성장에 대한 그의 열정을 접하면서 그러한 반감이 차츰 누그러지긴 했다.

'희망사'란 이름의 중정 분실

5·16 후에는 '재건'이란 말을 많이 썼다. 온갖 군데에 다 재건을 갖다 붙였다. 국가재건회의, 재건 국민운동본부 등의 권력기구 외에도, 심지어 잠재적 범죄자 취급을 하던 넝마주이(폐품 등을 주워 모으는 사람—편집자 주)를 일컬어 근로재건대라고 할 정도였다. 여기서도 재건, 저기서도 재건이었다.

한데 재건 국민운동본부의 인원 구성에 문제가 있었다. 5·16 후 정치활동 제한법을 만들어 묶어놓았던 사람들 상당수가 그 국민운동본부에 이름을 올려놓고 있었던 것이다. 나는 그 명단을 입수하게 되었다.

애초 『대한일보』의 후배 기자 김달현이 어디서 어떻게 구했는지 그 명단을 손에 넣었던 것인데, 기자들 중 유일하게 내게 보여주었다. 아마도 자기 혼자서 쓰기엔 너무 큰 사안이라 부담을 나눌 누군가가 필요했던 듯하다.

『대한일보』는 특종을 만났다. 그 명단을 1면 톱으로 올렸다.

그때 나는 『경향신문』에 적을 두고 있었다. 『경향신문』에선 1면의 중간 4단으로 올렸다. 톱 거리였으나 『대한일보』에서 받아 쓴 것인 만큼 그들의 특종을 인정하는 의미에서 기사 크기를 줄인 것이다. 기사 말미에는 내 이름 앞 글자 한자 하나만 써넣었다. '滎.' 일반뉴스는 기명을 하지 않고 그 정도로만 기자 표시를 했다. 일반 독자는 그 '滎'이 누군지 몰랐지만 아는 사람은 다 알았다.

기사가 나간 며칠 후, 출입처에서 돌아왔더니 신문사 앞에 웬 지프차가 서있었다. 1층 로비에선 언뜻 이런 소리도 들려왔다. "그놈 여기 있어……." 나는 날이 서있던 그들의 서슬에 갸웃하며 무심코 지나쳐 2층 편집국으로 올라갔다.

내 자리 앞에서 대령이었던가 소령 계급장을 단 군인이 다가가는 나를 쏘아보고 있었다. 그가 물었다.

"당신이 김영수 기자요?"

"네, 그런데요."

그는 대뜸 내 팔꿈치를 움켜쥐고서 말했다.

"갑시다."

"당신 누구요? 가긴 어딜 가?"

그가 날 끌고 간 곳은 사장실이었다. 신문사 사장이란 사람은 다짜고짜 기자를 끌고 가려는 군인에게 대단히 협조적이었다.

"간단히 조사하고 금세 보내겠습니다."라던 그의 말에 두 말은커녕 토씨 하나 달지 않았다. 하긴 그래야지 어떡하나. 그래야 사는 세상인 걸.

그런 세상이 되기 얼마 전 『희망』이라는 잡지가 있었다. 예나 지금이나 잡지란 것이 워낙 타산 맞춰 운영하기 어려운 탓에 폐간을 하고 나자, 『조선일보』 건물 뒤에 있던 그 사무실을 간판도 안 떼고 그대로 중앙정보부가 차지하였다. 일부러 정보부실 아닌 체 위장이라도 해야할 판이라, '희망사'란 잡지 간판은 닦고 조이고 기름을 쳐서라도 그 자리에 그대로 간직해야 할 위장막이 돼주었다.

그들이 나를 끌고 가 다그친 곳이 바로 그곳, 희망사 사무실이었다.

"그 재건운동본부 명단 어디서 났나?"

"말할 수 없소. 기자는 취재 소스를 밝히지 않는 게 원칙이고 도리요."

그러자 취조하던 이가 대뜸 내 멱살을 쥐었다. 그러곤 으르대었다.

"여 봐, 김 기자. 김. 영. 수. 기자님. 지금 장난해? 우리한테 그런 원리원칙이 통할까? 농담 그만하고 말해. 그 소스 누구한테 났어?"

으음, 이 친구들에겐 원칙 같은 건 통할 수가 없지. 나는 답변 형식을 바꾸기로 했다.

"그건 어쩌다 보니 생겼소."

"뭐야?"

분위기가 더 험악해졌다.

"누군가에게 받아서 썼을 뿐이오."

"그 누군가가 누구야? 김달현이? 그건 우리도 알고 있어. 그 김달현이가 누구한테 받았는지 그걸 말해."

"나도 모릅니다. 그리고 김달현 기자는 최근에 만난 적도 없소."

그렇게 닦달을 당하며, 힘을 다해 버티며 하루해가 다 지나갔다. 그날 늦게 나는 일단 풀려났다. 그리고 며칠 후 나는 그들에게 또 끌려갔다. 이번엔 다른 곳이었다. 예전 자유신문 옆 골목, 그러니까 지금으로 치면 청계천에서 광화문 쪽으로 난 골목에 있던 어느 단독주택이었다. 그때도 저번과 똑같은 얘기가 오갔다. '준 사람 누구냐?' '난 모른다.'

김달현 기자도 어딘가로 끌려갔는데 그는 누군가에게 받았다고 하다가, 여의치 않으면 훔쳤다고 하며 버틴 모양이었다. 어쨌거나 특종 기자는 그였으니 그는 결국 군사재판에까지 넘어갔다.

재판을 앞두고 그의 형님이 나를 만나자고 했다.

"달현이가 지금 그 자료를 훔쳤다고 하며 버티는데 김 기자 당신도 그렇게 좀 증언해 주시오. 입을 맞춰주셔야지 그렇지 않으면 견디기 힘듭니다."

나는 군사재판에서 김달현 기자가 내게 그 자료를 보여주면서 출입처 어딘가에서 훔쳤다고 말했다고 증언하였다. 김달현 기자는 결국 절도범이 되고 말았다. 취재원 보호라는 보도 윤리를 지키려다 자신은 결국 절도범이 된 것인데, 엄혹했던 당시의 정치 상황을 감안하면 대단히 용기 있는 행동이었다.

한데 그 군사법정에 배석했던 군 법무관 중 한 명이 내 고교 동창이었다. 서울에서 고등학교를 다니다 피난 와서 우리 학교에 위탁생으로 있던 친구인데 나중에, 동창회에서 만나 그때 얘기를 하곤 했다. 세상, 넓고도 좁았다.

그리고 세상은 차츰 정보기관원과 신문사 기자가, 반갑지는 않지만 서로 낯이 익는, 그런 판이 되어갔다.

07.
기자협회 창립과
언론악법 저지 투쟁

1960년대는 텔레비전은커녕 라디오도 없는 집이 많았다. 방송의 영향력이 거의 전무한 시절이었다고 해도 크게 틀리지 않는 시절이었다. 그런 상황에서 『동아일보』는 단연 제1 언론사였다. 막강한 영향력에 기자들 처우도 그나마 가장 나았다.

그런 『동아일보』에서 내게 스카우트 제안이 들어왔다. 정치부에서 결원이 생기자 그들은 다른 신문사의 누굴 스카우트 할 것인가 투표를 했다고 한다. 거기서 내가 1등 당선을 했다나. 가야지, 당연히. 동아에서 들어온 제안을 거절하는, 거절했다는 기자는 내 기억에 단 한 명도 없다.

　내가 옮겨 간다고 하자 『경향신문』 정치부장은 몹시 섭섭해 했다. 이 양반, 얼마나 상심했던지 거의 울먹울먹하기까지 했다. 그러다 장탄식. 쓸 만한 후배 하나 빼앗기네……. 난처했다. 난처하고 미안했다. 그가 내게 그처럼 아끼는 마음을 준 데 대한 보답은 나중에 하게 된다.

　『동아일보』에 가보니까 처우 좋다고 듣던 바와는 다소간 차이가 있었다. 정치부와 경제부를 합쳐 정경부라 했는데, 정경부장 김성렬 씨는 나중에 『동아일보』 사장을 지냈다. 정치부 쪽엔 책상도 사람 수대로 변변히 있지 않았다. 누구든 먼저 앉는 사람이 책상 임자였다. 당시 영향력 최고, 급여 최고 신문 『동아일보』가 그랬다.

　기자 사회 전반의 처우가 형편없어서 그걸 시정하려는 움직임도 진작부터 있긴 했다. 국회 출입처 기자들이 중심에 서서 각사의 경제부, 사회부 사람들과 대포 한잔 하며, "이대로 기자 해서는 거지밖에 될 거 없다. 월급이나 제대로 받자"고 제의했지만 돌아온 대답은 "노(No)!"였다. 기자가 무슨 단체교섭이냐는 것이었다. 어처구니가 없었다. 그리고 이해가 안 되었다. 힘을 합해 처우 개선을 하자는데 그걸 왜 특권의식 섞인 묘한 시선으로 보려하는지……. 박봉에 시달리긴 다 마찬가지면서.

우린 포기할 수 없었다. 일단 국회출입 기자들 중심으로 범 신문사를 포괄하는 '정치부 기자회'를 만들기로 했다. 이때 앞장 선 사람이 나중 민주당 당대표를 역임했던 조세형 당시 『한국일보』기자와 김인호 기자였다. 어렵사리 우리는 정치부 기자회를 만들었지만 만들자마자 해체해야 했다. 5·16이 터진 것이다. 일체의 집회나 결사, 조직 활동 엄금이었다.

마음이 많이 아팠다.

5·16 직후의 시퍼런 서슬이 조금 누그러지고 『동아일보』 생활도 익숙해졌을 무렵 사내 편집국 총회가 소집되었다. 안건은 역시 처우 개선이었다.

그 총회에서는 앞서 얘기했던 이강현 선배가 나서서 발언을 했다.

"우리 기자들이 맨날 이리저리 끌려다녀서야 되겠습니까. 우리도 힘을 모아 우리 권리를 찾아야 합니다. 지금과 같은 처우 아래선 노후 대책은커녕 당장의 생활도 되지 않습니다. 기자라는 자부심 하나만으로 밥이 나오는 건 아닙니다."

강성 발언에, 창을 했다더니 발음도 좋고 음색도 좋았다. 그때 나는 그가 우리 기자 사회 전체의 리더가 될 수 있을 것이라는 믿음이 생겼다.

총회 안건이었던 사내 처우 문제는 그 이후에도 개선되지 않았다. 총회만 하고 말았다.

나는 『동아일보』를 넘어 전체 기자들의 모임과 단결된 힘이 꼭 필요하다는 인식을 더 깊이 하게 되었다.

박정희 대통령은 한일회담 반대시위와 정권 핵심인물들의 부정부패 등으로 안정적인 정국 운영에 위협을 느끼자 이를 언론의 선동 탓으로 돌렸다. 그는 여러 연설에서 언론에 대한 불편한 감정을 숨기지 않았다.

"국론을 통일하기 위해 무책임한 언론의 자숙이 요청된다"고 했고 "많은 신문들이 공산주의 색채를 띠었다"고도 했다.

박 대통령은 정권의 안위를 위해서는 서울대 문리대를 중심으로 한 학생운동과 언론을 누르고 장악할 필요가 있다고 여겼던가 보다. 1964년 7월 29일 공화당은 '학원보호법안'을 국회에 제출했다. 이 법안에 따르면 학생 시위나 집회는 물론 학교 안에서 정치 토론을 하는 것도 모두 위법행위였다.

그 다음은 '언론윤리위원회법안'이 국회에 제출되었다. 정부기구인 언론윤리위원회가 기사와 논평을 심의해서 어떤 윤리인지, 기준도 모호한 '윤리'에 어긋난다고 판정하면 문공부 장관이 신문의 발행을 아예 정지하거나 취소할 수 있도록 한 것이었다. 그 법이 시행된다면 정부기관지 외에는 제대로 된 언론 매체는 있을 수가 없었다.

언론계 전체는 즉각 반발했다. 야당도 펄쩍 뛰었고 며칠씩 승강이를 벌이며 법안 통과를 막았다. 나와 동료 기자들은 그래도 양식 있는 몇몇 국회의원들에게 기대하는 마음이 아주 없는 건 아니었다. 한마디로 하도 기가 막힌 법안이라 설마, 설마 했던 것이다. 한데 그 법이 8월 2일 밤 슬그머니 통과가 되어버린 게 아닌가.

기자들은 분노했다. 특히 국회 출입기자들의 배신감은 컸다. 우리는 비분강개의 말들을 쏟아내었다.

"저 국회의원들 다 쓰레기 아니냐."

"이거 야합이고 배신 아니냐. 저것들 나라도 이렇게 팔아먹을 놈들 아니냐."

"그래도 여야를 막론하고 몇몇은 믿었는데 이제 보니 믿을 놈 하나도 없다."

그런 한편 우리는 지근거리에서 그 언론악법 통과를 막지 못한 무력감과 책임감을 느꼈다. 국회와 중앙청 출입기자들은 24시간 취재거부 시위를 벌였고 박정희 대통령의 8·15 경축사를 누구도 보도하지 않았다.

기자들 사이에는 우리 언론계를 구할 사람은 언론인 자신, 우리들 밖에 없다는 자성과 각오의 분위기가 강하게 형성되었다. 나는 가장 강한 반발 기류가 돌던 국회기자단의 대표가 되어 기자협회 창립을 주창하고 나섰다. 중앙청 출입기자단은 물론 경제부처 출입 기자단, 각사의 편집부서 등을 망라하여 기자협회 창립 동참을 권유했다.

나는 가장 강성의 국회기자단 대표가 된 터라 나중의 위험이나 탄압 같은 건 생각하지도 못하고 앞에서 몸을 던져 뛰어다녀야 했다. 그러면서 협회 발족에 앞장서던 일단의 사람들과 함께 '우리는 기자협회의 초대 회장이나 부회장 등의 간부를 일체 맡지 않는다'고 공언하였다. 단, 언론윤리위법이 있는 한 그에 대항해 맨 앞에서 싸워야 하는 '보도자유특위 위원장'은 내가 하겠다고 말했다. 그에 대해서 아무도 달리 말하지 않았다. 위험하고 힘든 자리니까.

밖으로는 한동안 몹시 귀찮게 구는 사람들도 있었다. 당시 정치의 중심은 국회였다. 지금도 물론 원칙적인 면에서야 그렇기는 하지만, 그땐 정치판 특유의 분위기를 읽는다든지 어떤 사건의 속내 등의 정치 정보는 종합적으로 국회에서 얻을 수 있었다. 국회 출입기자들뿐 아니라 정보 기관원들에게도 사정은 마찬가지였다.

그들은 기자협회를 만든다니까 나를 내버려두지 않았다. 어떤 강압이 있었던 건 아니지만 이런 식이었다.

"김 기자 오늘 점심 때 시간 어때요? 맛있는 집 알아놓았는데 내가 한턱 쏠게."

이렇게 한번 심상하게 툭 던지는 축이 있는가 하면,

"김 기자님, 나랑 차 한 잔만 합시다, 예? 나 김 기자님하고 오늘 차 못 마시면 회사 그만두어야 할지도 몰라요."

하는 읍소형에다,

"김 기자님, 새파란 나이 남자가 결혼도 안 하고 맨날 이렇게 다니면 몸 근질근질 하지 않나. 내가 물 진짜 좋은 술집 알고 있는데 있다 밤에 함께 갑시다."

이런 노골적인 유혹형도 있었다. 그들은 마치 피붙이나 죽마고우처럼 살갑게 대하며 오만 가지로 접근을 해왔다. 나는 아예 대꾸를 하지 않았다. 그럼 급해진 그들은 밥이고 술이고 안 되겠으니 그 자리에서 들이대고 물어온다. 정강정책은 누구한테 맡겼느냐, 시국선언문은 누가 작성하고 있나, 그 수위는 대략 어느 정도냐, 기자협회 요강은 누구한테 맡겼나……. 그들이 기자고 내가 유명 취재원이 된

격이었다.

　그때 『서울신문』 노철용 기자와 『경향신문』 이덕주 기자의 조언은 내게 많은 힘이 되어 주었다. '한 번 나서면 좌고우면하지 말고 그냥 나서라. 몰려드는 기관원들엔 일체 비밀을 지켜라.'

　내게 몰려들었던 이들이 모두 국가 정보기관원인 것 같진 않았다. 사실 사주들 입장에서도 기자들의 권익단체 결성은 신경이 쓰이는 사안이 아닐 수 없었다. 그 단체가 향후 어찌 움직이느냐를 미리 가늠해보고 싶어 했던 것이다.

　나는 어디 소속 사람이건 모르쇠로 일관했다. 일체 함구!

　하루 이틀도 아니고……, 그것도 그리 쉬운 일은 아니었다.

　그런 곡절과 밀회를 거쳐 1964년 8월 17일, 전국의 신문·방송·통신사 등 19개사 기자대표들 2백여 명이 한 자리에 모였다.

　선언문 다음에 나온 사진에서 보듯 '言論倫理委法 卽時撤廢하라'는 현수막을 걸었고, 그 앞에서 내가 사회를 보았다. 사진의 단상 앞에 선 저 사람이 청년기자 시절의 나다. 새삼 깊은 감회가 인다.

　그날 그렇게 대한민국 기자들은 선언문을 채택하고 기자협회를 출범시켰다. 그 뜻깊은 선언문을 여기 원문 그대로 싣고 싶다.

宣言文

　우리들 전국의 신문·통신·방송의 일선 기자들은 오늘 한국기자협회를 창립한다. 반세기간의 언론사를 통해 우리들은 항일과 반독재의 제일선에서 싸워왔지만 서로의 유대와 단결을 위한 항구적인 조직체를 가져보지는 못했다.

　모래알처럼 흩어진 우리들은 스스로가 지니고 있는 역량을 효과적으로 발휘해 보지를 못했으며 사회에 대한 우리들의 책임, 그리고 우리들 자체 내의 윤리적인 규제에 대해서도 결코 완벽을 기했다고는 보지 않는 바이다.

　항일과 반독재의 피나는 투쟁사를 거쳐 이제 우리는 언론자유의 수호와 조국이 요구하는 민주주의의 발전에 우리의 용기와 지혜를 집중하려는 것이다.

　그리고 우리들 자신의 인간적인 자질 향상과 권익옹호를 위해서 힘을 모을 것이다. 이와 같은 우리의 결의는 현실적인 요처이요, 역사적인 필연이다. 정의와 책임에 바탕을 둔 우리들의 단결된 힘은 어떠한 권력 어떠한 위력에도 굴치 않을 것임을 선언한다.

한국기자협회 창립 총회 단상에서 총회 연설을 하는 필자의 모습이다.

다음과 같은 5개항의 강령도 정했다.

- 조국의 민주발전과 언론인의 자질향상을 위해 힘쓴다.
- 언론자유를 침해하는 여하한 압제에도 뭉쳐 싸운다.
- 서로의 친목과 권익옹호를 위해 힘을 합친다.
- 조국의 평화통일과 민족동질성 회복을 위해 노력한다.
- 국제 언론인과의 유대를 강화하고 서로 돕는다.

나는 초대 회장으로 벌써부터 마음에 두고 있던 이강현 선배를 적극 추대했다. 이 선배는 초대와 2대 회장을 역임했고 나는 3대 회장을 지냈다. 집행기관으로는 운영위원회, 의결기관으로는 대의원대회를 두었다. 지방 각 도에 지부와 각 사별로는 분회를 두어 전국조직의 모습을 갖추었다.

기자협회 창립으로 언론계에는 언론수호를 위한 가장 강력한 저항세력이 생겨난 셈이었다. 발행인협회, 편집인협회, 그리고 기자협회라는 언론계 삼각축이 하나로 뭉쳐 권력에 저항했던 것인데…….

한국기자협회 창립 기념식
기자협회 창립으로 언론계에는 언론수호를 위한 가장 강력한 저항세력이 생겨난 셈이었다.

언론악법에 대한 여론이 악화되자 정부에서는 언론사별로 회유에 나섰다. 압력이 점점 노골화하자 발행인협회는 하나 둘 '언론윤리위원회법 철폐투위'에서 발을 빼기 시작했다. 발행인협회 26개 회원사 중 『동아일보』, 『경향신문』, 『조선일보』, 『대구매일신문』 등 4개 신문사만 끝까지 남았다. 이에 박 정권은 국가기관은 물론 공무원 가정들로 하여금 이들 신문 구독을 중지시켰고, '언론기관에 대한 정부 특혜 조치에 관한 건'이란 조치를 통해 언론사가 당연히 배려 받아야 할 모든 특혜를 금지시켜 버렸다.

기자협회는 발행인들의 굴종을 강력히 비판하며 철폐운동을 계속하겠다고 밝혔다. 또한 9월 10일 대대적인 국민대회 개최를 준비했다. 이때에 이르러서는 언론계뿐 아니라 종교, 법조, 학계 그리고 학생들까지 언론윤리위법 철폐 투쟁 대열에 속속 합류했고, 국제신문인협회[111]에서까지 박정희 대통령에게 언론윤리위법 폐지를 요청하는 전문을 발송하였다. 국제적인 문제로까지 비화한 것이다.

국내외 여론이 갈수록 불리해지자 정부에서는 언론계 사주대표들이 박정희 대통령에게 언론윤리위법의 폐기가 아니라 시행을 보류해달라는 건의문을 제출하도록 하는 타협안을 내걸었다. 언론계 대표들이 이에 응했고 위기에 몰렸던 박정희 대통령은 '언론계의 자율 규제 의지를 믿고 언윤법 시행을 보류한다'고 발표하였다.

학계 등 일부에서는 이 타협을 언론계가 사실상 굴복한 것이라는 평가도 하지만 나는 생각이 다르다. 명색이 대통령인데 한 번 언론 장악 시도를 했다가 기자들의 반발과 저항에 밀려 물러나려면 뒷걸음 칠만한 자리와 명분은 필요하지 않겠는가. 무소불위의 권력에게 어떻게 무조건 항복을 받아낸단 말인가. 한 걸음 적절히 물러설 자존심 공간을 마련해주면서 악법 시행을 저지했으니 결국 우리가 이긴 것이다. 끝까지 싸움을 그치지 않은 기자들, 기자협회의 자랑스러운 승리다.

내가『중앙일보』에서 정치부 차장으로 근무할 당시, 나는 기자협회 3대 회장으로서 IFJ(International Federation of Journalist—국제기자연맹) 베를린 회의에 참석하였다. 그 회의에서 한국기자협회도 IFJ의 일원으로 당당히 가입시키고 나는 아시아 지역 부회장을 맡았다. 그때 IFJ에는 아시아 지역 부회장 외에 미주 담당, 구라파 담당, 아프리카 담당 등 4명의 부회장을 두고 있었다. 한국기자협회가 아시아 지역을 대표한다는 의미가 있어 그 부회장직을 흔쾌히 수락했다. 1966년 봄의 일이다.

당시는 독일도 동, 서로 나뉜 분단국이었다. 베를린은 동독 영토

IFJ 부회장 당시 독일 방문
베를린 회의를 향하는 경유지
도쿄에서

안에 있었지만 그 역시 동, 서로 나뉘어 서베를린 지역은 미국, 영국, 프랑스 등 3국이 공동 관리하는 지역이었다. 육로로는 서베를린에 갈 수 없어 비행기로만 들어가고 나올 수 있었다. 서방지역 기자들의 기구인 IFJ가 서베를린에서 열리자, 같은 시기 동베를린에서는 IOJ(International Organization of Journalists—국제기자기구)라는 공산권 기자들

IFJ 부회장 당시 독일 방문

한국기자협회 3대 회장으로서 IFJ 베를린 회의에 참석하였다.

한국기자협회를 IFJ의 일원으로 당당히 가입시키고 나는 아시아 지역 부회장을 맡았다.

기자협회 40주년
노무현 전 대통령과 함께 커팅식. '기자정신 영원히!'

의 모임이 개최되었다. IOJ는 사실 규모나 인원 구성 면에서 비교가 되지 않을 정도로 초라한 기구였다. 이데올로기에서마저 자유로워야 할 기자들의 기구에 냉전 분위기가 확산되어 전혀 쓸모없는 경쟁을 벌이고 있다는 생각에 쓴웃음을 머금었던 기억이 난다.

2014년에 기자협회도 어언 50주년을 맞았다. 애초 200여 명에 불과했던 회원은 그간 10,000여 명으로 늘어났다고 한다. 50주년 특집 기자협회보를 받아보니 이 책에도 실려 있는 협회창립 사진과 함께 이런 헤드카피가 눈에 띈다.

'다시 역사의 길을 걷겠습니다.'

기자협회 50주년
계속 역사의 길을 걸으리라는 기자협회에 대해 대견하고 뿌듯한 마음을 감출 수 없다.

나는 대견하고 뿌듯한 마음으로 이렇게 읊조렸다.

'그렇지. 다시, 그리고 100주년, 500주년을 너머 그 언제나, 역사의 길을 걸어야지. 그래야 기자협회지.'

08.
차지철과 멱살잡이 한 판!

차지철, 그 황소 같은 사내와 서로 으르렁대며 한판 멱살잡이를 벌인 적이 있다.

박정희 최고회의 의장 겸 대통령 권한 대행이 1963년 말 윤보선 민주당 후보를 상대로 민정이양 대통령 선거를 치를 때였다. 당시 지방 유세를 다닐 땐 기관차 두 대가 30분 간격으로 한 대씩 각각 움직였다. 선도 기차에는 기자들과 경호원 선발대가 타고, 그 기차 출발 후 30분쯤 있다 박 대통령의 기차가 대통령 기차 아닌 듯 나서는 것이다. 누군가 "펑!" 하는 위험물을 던지거나 쏘려한다면 앞 기차를 노리도록, 그럼 기자들과 경호원 몇몇만 죽으면 되니까.

나도 그 유세 기차(당시엔 그 기차를 캠페인 트레인이라고 했다)를 타고 지방 취재를 다니곤 했다. 한데 어느 날인가 『경향신문』 기자인 내 친구 최서영이가 유세 기차 얘기를 하면서 혀를 내두르는 것이었다.

"야, 내가 그 기차 한 번 잘못 탔다가 하마터면 죽을 뻔 했다."

"왜, 누가 수류탄이라도 터뜨렸어?"

"수류탄 못지않았지. 거 왜, 경호실 직원 중에 차 뭐라더라, 아주 괴상하게 생긴 놈인데…… 아, 차지철. 그런 놈 있지?"

"몰라. 근데?"

사연인즉슨…….

최서영 기자는 재경국민운동본부 출입기자를 하면서 교통부와도 왕래가 많았기에, 그즈음 지방에서 지방으로 바삐 움직일 때 조치원 역장의 배려로 대전행 유세 선도차를 탔다고 한다. 그 열차에서 차지철이 불심검문을 했다는 것이다. 최서영이 『경향신문』 기자라고 신분증까지 보이며 전후사정을 얘기했는데도 차지철은 막무가내, 고압적으로 소리를 질렀다는 것이다. 선거유세 수행기자가 아니라는 이유였다.

"당장 뛰어내려!"

"아니, 달리는 기차에서 어떻게 뛰어내려? 사람 죽으라는 얘기요?"

"그럼, 나한테 죽을래?"

"아니, 이 친구가 이거……. 그러는 넌 뭐냐?"

"나 경호실 차지철이다. 다음 역에서 기차 서거든 거기서 바로 내려!"

애기를 듣고 나니 불끈 성질이 올라왔다. 차지철인가 뭔가 하는 놈, 그거 아주 나쁜 놈인데, 싶었다. 괘씸하고.

그러던 중 대전에서 유세 수행원들과 저녁을 먹을 때였다. 박정희 최고회의 의장 쪽 사무차장과 몇몇 간부들이 있는 자리였다. 나는 다소 짓궂은 질문을 해보았다. 『동아일보』 기자니까 직설적이고 과감할 수도 있었다.

"당신들 만일에 이번 선거 지면 어떡할 겁니까?"

누군가, 아마도 사무차장이 대답했다.

"지면요? 그럼 나 할복자살합니다. 셋푸쿠(切腹)!"

내가 말했다.

"거짓말. 들리는 얘기론 당신들 인천에 엘에스티(Landing Ship Tank—상륙용 배) 대기 시켜놓았다고 하던데. 여차하면 바로 남미로 도망가려고."

그랬더니 누군가 대뜸 내 멱살을 쥐며 소리쳤다.

"뭐, 이 새끼야?"

치켜보니 웬 괴상하게 생긴 녀석이 인상을 쓰고 있었다. 얼마나 험상궂던지……. 그는 어리둥절 치어다보는 내게 한 마디 더 으르댔다.

"너 지금 뭐라 그랬어?"

나도 눈에 힘을 주고 말했다.

"이거 뭐야? 너 누구야?"

"나 차지철이야."

차지철? 아, 그 놈이다! 나는 벌컥 일어서며 멱살을 마주 쥐었다.

"오호, 너 이놈 잘 만났다. 그렇지 않아도 내가 너 찾고 있던 중이야. 너 이 자식 내 친구 죽이려고 했지!"

그렇게 차지철과 나는 몸싸움을 벌이며 엉컸다. 그는 되게 셌다. 여러 무술을 연마한 몸이라 황소 같은 완력이 느껴졌다. 그래도 기왕 결기를 보인 판, 물러설 수는 없는 것 아닌가. 그의 강한 완력이 오히려 더 청년기자의 투지를 불러왔다. 주변 사람들이 말리지 않았다면 본격적인 주먹다짐이 벌어질 분위기였다. 만일 그랬다면……
내가 이겼을 거다, 분명히. 왜냐, 나는 기자고 그는 검도 포함해서
여러 무술합계 10여 단의 무사니까. 펜은 칼보다 강하다는 옛말이
있지 않은가. 옛말 틀리는 거 봤나.

  그 몸싸움 이후 묘하게 그와 친해졌다. 친구 때문에 벼르던 놈과
싸우다가 바로 그 놈과 또 친구가 된 것이다. 군인 출신들은 담박한
면이 있어서 그런지 자신과 맞겨룬 이에게 친근감을 쉽게 느끼는 것
같았다.

  그의 사무실이 덕수궁 근처 '로야^{awer} 빌딩'이라는, 조금 우스꽝
스러운 이름의 건물에 있어서 『중앙일보』 근무할 땐 종종 들러 스스
럼없는 잡담을 나누곤 했다. 알고 보니 그는 내 문리대 동기와 용산
고등학교 동창이기도 했다. 그러니까 나와 나이가 꼭 동갑인진 모르
지만 아무튼 말 편하게 할 만한 동배임엔 틀림이 없었다. 그렇다고
해서 술자리를 함께 하진 않았다. 그는 겉보기엔 두주불사, 말술을
마실 것처럼 우락부락하게 생겼지만 그의 어머니 때부터 독실한 기
독교인이라 술을 일체 안 했다.

  처음 그는 경호실 직원으로 근무하다가 6·3 대통령 선거 후에는
전국구로 국회에 들어가 나중에 외무위원장을 맡았다. 그 후 육영수

여사 피격 사건으로 퇴임한 박종규 실장의 뒤를 이어 경호실장이 되었다.

　어이 친구, 잘 있나?

09.

울면서 취재한
민생기사, 「현실」

'5·16 후엔 굶어죽는 사람 얘기는 듣지 못할 것이다.'

이것이 5·16 후 군사정부에서 내세운 대표적인 구호 중 하나였다.

한데 저 좋은 구호를 비웃는 듯한 사건이 있었다. 당시 삼양동인가 그 부근 어딘가에서 아기를 낳은 산모가 굶다 못해 눈에 띄는 대로 아무 음식이나 먹고는 식중독으로 사망했던 것이다. 산모 자신의 태를 먹었다는 소문도 있었다. 이 사건 사연을 사회부에 있던 후배 N기자가 취재해 기사를 썼고 그 바람에 경찰에 연행이 되었다.

'동네 의사의 검시 결과 심장마비가 사인으로 밝혀졌다. 그러니

굶어죽은 게 아니지 않은가', 이것이 경찰 당국의 주장이었다. 그러면서 그들은 N기자를 핍박했다.

그러나 당시 동네 의료 수준에서는 무슨 죽음이든 사망 원인은 결국, 궁극적으로는 '심장마비'였다.

동료 기자들은 격분했다.

기자들을 걸핏하면 잡아들이는 판에 이런 서민 취재 기사까지 시비를 걸어 또 잡아들이면 도대체 무슨 기사를, 어떤 기사를 쓸 수가 있나.

또, 5 · 16 후에 내세운 구호와 달리 저토록 안타까운 산모의 사망은 무언가. 돌발적이고 이례적인 사건일 뿐인가. 아니면 그것이 진짜 현실인가.

과연 현실은 어떠한가?

『동아일보』에서는 5 · 16 후 민생현실에 대한 확인 취재에 나서기로 했다.

나와 유혁인, 이채주 기자가 팀을 이루어 전국을 돌며 취재해 썼던 민생현장 기획기사였는데, 그 전 해에 권오기 기자가 맡아 쓰던 「현실」이라는 시리즈 기사 제명을 그대로 이어받아 1면 박스 기사로 내보냈다.

　취재는 릴레이로 진행되었다. 내가 서울에서 출발해 강원도를 거쳐 동해안을 따라 돌며 어려운 이들의 '현실'을 취재하고 나면, 부산에서부턴 유혁인이 진주까지, 그리고 진주에서부턴 다시 이채주 기자가 취재를 맡아 썼다.

　취재해본 바, 결론부터 말하자면 현실은 5·16 구호와 많이 달랐다. 그때까지도 밥 굶고 비참한 사람 참 많았다.

　내가 제일 먼저 간 곳은 춘천댐 건설현장이었다. 거기서 나는 건설 노동자들의 열악한 식사 환경에 놀랐다. 인부들이 식사하는 식당(일명 함바)은 들판에 아무렇게나 지어져 있어서 도저히 식당이라고 말하기조차 어려웠다. 어떤 아주머니는 자기 아이들을 전부 데리고 와서 일을 했는데, 그 이유가 자기 몫의 점심 식사를 아이들에게 먹이기 위해서였다. 인부 아주머니가 그렇게 아이들에게 자기 점심밥을 나누어 먹이는 모습은 가슴을 울컥하게 만들었다.

　그들 댐 건설 노동자들은 하루 12시간을 일한다고 했다. 그 노동 끝에 받는 돈은 고작 120원. 그래도 이 일자리가 없어서 못하는 지경이었다. 4대 1의 경쟁률을 뚫어야 그날의 일감을 얻는다. 그래서

'4대1의 품팔이 경쟁' 「현실」 취재 기사
춘천댐 건설현장에서 하루 12시간을 일하고 받는 돈은 고작 120원. 그래도 이 일자리가 없어서 못 하는 지경이었다.

아침 6시에 일이 시작되는 현장에 새벽 4시부터 진을 치고 있어야 했다.

속초 부두에서 취재한 아동 노동 현장은 더욱 가슴 아렸다.

기껏해야 초등학교 3학년도 안 되었을 아주 조그맣고 연약한 아이들이 학교도 안 가고 새벽부터 부두에 주욱 앉아서 오징어 배를 갈라 그 내장을 큰 드럼통에 채우고 있었다. 오징어 한 마리에서 나오는 내장의 양이 얼마나 되나. 그걸 그 커다란 드럼통에 담고 담아 가득 채우려면 두 아이가 이틀 꼬박 걸려 작업을 해야 했다. 그리고 아이들 손에 쥐어지는 돈은 단돈 40원. 요즘 화폐 가치로 환산해도 고작 4천 원 내지 5천 원 정도밖에 되지 않는 금액이다. 아이러니하달까, 또 하나 쓸쓸했던 점은 그 아이들이 손질한 오징어 내장은 어린이 두뇌발달 약품을 만드는 원료가 된다는 것이었다.

눈물이 나오려 했지만 울 수도 없었다. 다음 취재지로 도계탄광이 기다리고 있었기 때문이다.

그 당시 석탄 공사에서 일하는 광부들은 비가 오거나 하여 일을 못할 경우라도 기본적으로 월급이 있기에 어찌어찌 호구지책은 되었다. 하지만 수많은 민영탄광 광부들과 그 가족들은 장마라도 져서 일을 못하면 돈이 없어 밥을 굶는다고 했다.

그곳 도계탄광에서 나는 너무도 놀라운 현실을 보게 되었다.

조그만 마을 양조장 앞에 아주 작은 아이들이 주욱 줄을 서서 무엇인가를 받아가고 있었다. 잠시 뒤 그 줄의 끝에 서 있던 10여 명의 아이들은 앞의 아이들이 다 받아가는 바람에 자기들 몫이 없어 발걸음을 돌려야 했다.

저 아이들은 대체 무얼 받아가는 걸까. 나는 그리로 얼른 발걸음을 옮겼다.

그것은, 술 찌꺼기였다. 아이들이 그 술 찌꺼기를 하루치 식량으로 받아가고 있었던 것이다. 그나마 양이 충분치 않아 늦게 온 아이들은 빈손으로 어깨를 늘어뜨리며 돌아갔던 것이다. 양조장 주인도 안타까워했다.

힘없이 돌아서는 그 아이들의 뒷모습을 보고 있자니 정말 더는 눈물을 참을 수 없었다. 나는 사진부의 박용윤 기자와 상의하여 출장비와 남아있는 돈 전부를 털어 잡화상에 가서 그 아이들에게 먹을거리를 사주었다.

내가 맡은 취재구역의 종착지인 경주에서 나는 눈물이 또 한 번 터져 나왔다. 경주지국 동료들이 본사에서 몇날며칠 취재 나온 손님 밥 대접 한다며 데려간 식당에서 한상 가득 차려져 나온 음식을 보자 나도 모르게 눈물이 흘러내린 것이다.

속초 아이들의 노동현장이 담긴 「현실」 기사는 이렇게 시작된다.

> 한 〈드람〉통에 40원―이것은 무슨 물건 값이 아니다. 냄새가 지독한 오징어 내장 모은 것에 대해 간유(肝油)공장이 지급

'40원을 노린 아귀다툼' 「현실」 취재 기사
속초 아이들은 오징어 배를 갈라 그 내장을 큰 드럼통에 채우고 40원을 받았다.

하는 품삯이다. 오징어잡이가 한철인 요즘 속초항은 온통 오징어 냄새로 사람들의 코 감각은 완전 마비상태. 둘이서 꼬박 이틀 걸려야 한 〈드람〉통의 내장을 갈라내는 이 40원을 노린 동심들의 아귀다툼을 닮는 시새움이 빚어내는 부둣가의 소란은 어부들의 떠들썩한 고성소리보다도 한결 날카롭다.

치솟는 물가에 일정한 벌이조차 없는 이곳의 뜨내기 어부들의 군색한 가계를 지탱코자 (……) 살을 찌르는 뙤약볕 아래서 손·발·얼굴 할 것 없이 온몸에 검은 국물이 튀고, 땀과 뒤범벅이 되어 코를 찌르는 냄새와 싸우는 수많은 어린이들 사이엔 60이 넘은 백발 할머니들 모습도 간간 섞여 있다……

그로부터 어느새 50여 년 세월이 흘렀으니 속초 부둣가의 그 아이들과 도계탄광 양조장에서 술 찌꺼기를 받아가던 아이들도 이제 주름 깊은 초로(初老)들이 되었을 것이다. 그들 모두 지금은 안온한 노년이기를, 마디 굵은 손에 손주들에게 줄 과자와 넉넉한 용돈을 쥐고 있기를…….

10.
국경일에 태극기 달기가 퍼진 내력

예전엔 강원도 강릉으로 직접 갈 수 있는 기차가 없었다. 일단 경북 영주로 돌아갔고, 거기서 작은 역들 사이를 완행열차로 다녀야 했다. 그러던 것이 1963년 5월에 일명 '따뱅이 굴'이라고도 했던 나선형 터널과 그 밖의 여러 기술 혁신 덕에 드디어 철도가 강원도를 관통할 수 있게 되었다. 통리역 개통식은 바로 강원도 횡단 기차 시대를 알리는 상징적인 사건이었다. 그 새로운 역사의 현장에 박정희 최고회의 의장이 빠질 수 없는 일이었다. 그는 테이프 커팅을 위해 내려갔다.

한데 이즈음은 그해 가을에 있을 국회의원 선거에 대한 논의가 여러가지로 뜨거웠던 때였다. 무소속 출마를 허용하는 방안이 특히 논쟁적인 사안이었다. 당시 무소속 출마를 허용하려면 헌법 해석도 새로 해야 하고 선거법과 정당법도 개정해야 했다. 두 가지로 안이 나와 있던 선거 시기도 논의의 대상이었다. 이래저래 화제와 이슈가 많은 정치의 계절이었고 그러한 계절엔 신문사 정치부는 아연 활기를 띠게 마련이다.

나는 무소속 출마 허용 문제를 알아보기 위해 우선 주변 취재를 마치고 확실한 정보를 캐기 위해 통리역 개통 전날 저녁, 『서울신문』 정재호 기자와 함께 공보실장 댁으로 가서 이런저런 얘기 끝에 박 최고회의 의장의 의중을 알아볼 수 있었다.

그리고 다음날 통리역 개통식에 참석하여 김현철 내각수반 등 고위 관료들을 면담하며 취재를 보충, 특종에 버금가는 현지 보도를 할 수 있었다. 당시는 주요 정책들이 미리 언론에 새나가는 데에 가히 신경과민이라 할 정도로 예민했던 시절이다. 그때 최고회의 의장을 수행한 최고위원은 공교롭게도 단 한 사람밖에 없었으니 정책에 대한 발설자로 공연히 그가 오해를 받게 되었다는 건 나중에 알았다. 기실 그는 아무런 이야기도 내게 건네지 않았는데. 다른 고위관료들이 내게 한 마디씩 했던 조각 이야기들을 총합하고 분석하여 알아낸 정보였던 것이다. 이런 걸 오비이락(烏飛梨落), 까마귀 날자 배 떨어지는 격이라 할까.

그런데 내가 지금 하려는 이야기는 그런 정치적 사안에 대한 것이 아니다. 바로 통리역 개통식에서 박정희 최고회의 의장이 했던 기념사의 서두 부분에 대해 말하려는 것이다. 박 의장은 기념사 맨 앞부분에서 이런 이야기를 꺼내었다.

"지금 여기 오다보니 국경일인데도 연도에 태극기를 내건 집이 드문드문하더라. 애국심의 표현을 그렇게 소극적으로 해서 되겠는가." 하고 개탄하였다.

내 생각엔, 국경일에 대부분의 집에서 너도 나도 태극기를 달고 애국가 제창을 하는, 그런 의례들이 성행하게 된 것이 박 의장이 그때 통리역에서 그처럼 개탄을 하고 난 이후인 것 같다. 정부가 태극기 달기 운동을 적극적으로 벌였던 건 그 이후부터였다.

최고 권력자의 한 마디는 그처럼 전 국민의 문화와 일상을 좌우할 정도로 무겁고 중차대한 것이다.

II.

신문사의 피처 & 캐처,
그리고 경기장 밖 그들의 행로

    피처와 캐처는 야구장에만 있는 것이 아니었다. 그건 신문사에도 있었다. 야구장의 피처·캐처와 신문사의 그것이 다른 점은, 한 사람이 피처를 하기도 하고, 또 때로는 캐처도 한다는 것이다.『동아일보』엔 나와 유혁인이 그 배터리를 이루곤 했는데 포지션을 수시로 바꾸었다. 예전엔 지금처럼 이메일도 없고 휴대전화로 문자를 보낼 수도 없었기에 만들어진 독특한 풍경일 것이다.
    무슨 말인가 하면,
    가령 누군가 해외취재를 나가 있을 경우 본사에선 그가 보내오는

『경향신문』 시절 직장대항 친선 야구대회 피처와 캐처는 야구장에만 있는 것은 아니다.

기사를 받아 처리해야 할 동료 기자가 대기하고 있어야 한다. 캐처다. 기사 송고를 하는 이는 피처. 야구에서 캐처는 홈 베이스에서 감독을 대신해 사인을 내기도 하고 투수 리드에 주자 견제 등 여러 궂은일을 하는데, 신문사 캐처도 비슷하다. 피처가 전화로 기사를 불러주는 경우는 그걸 받아 적어야 하고, 텔렉스로 보내올 땐 그걸 암호 풀 듯 한글로 해독해야 한다. 텔렉스 기사는 한글 발음을 영어로 적어 보내기 때문이다. 예를 들어, '간다'라는 우리말을 'ganda'로 표기하는 식이다.

이러다 보니 신문 기사의 속성상 정확성 못지않게 중요한 신속성을 잃을 염려가 있었다. 우리나라와 시차가 크게 다른 유럽이나 미국 지역으로 피처가 나가 있는 경우엔 더 하다. 이런 사정상 회사에 있는 캐처가 현지 사정을 모르고도 쓸 수 있는 팩트 기사는 다 써놓고, 피처는 실재 취재를 하거나 보지 않으면 알 수 없고 쓸 수 없는 내용만 기사로 보냈다. 전체 기사는 물론 피처의 기명으로 나간다. 이 경우 피처와 캐처의 호흡은 매우 중요하다.

유혁인 기자와는 대학 동기에다 「현실」 취재도 함께 했던 터라 호흡 맞추기에 아무런 문제가 없었다. 권오기 기자와는 합동통신에 있을 때부터 취재 여행을 함께 많이 다녔다. 그는 내 중학교 2년 선배인데 포병 장교를 오래 하는 바람에 복학이 늦어 현업 연차는 나지 않았다.

『중앙일보』 기자 야유회
『중앙일보』엔 나와 김동익, 심상기 등 동료들과의 신뢰와 팀워크로 1면을 만들어 갈 수 있었다.

『동아일보』 김상만 회장과 함께
『동아일보』 기자가 없으면 기자회견도 늦추던 당시의 그 『동아일보』를 이끌어갔던 주역들. 사회·정치부 기자였던 황선필(왼쪽에서 첫 번째)은 MBC 사장을, 이웅희(왼쪽에서 세 번째)는 문화공보부 장관과 MBC 사장을 지냈다.

당시는 신문이 4면이었다. 요새처럼 어마어마한 분량은 아니지만 그만큼 기자 수가 적었던 데다 1면 톱이나 중간 4단은 국회 출입기자들이 대개 책임을 져야했다. 중앙일간지, 그것도 『동아일보』 기자가 없으면 기자회견도 늦추던 당시의 그 『동아일보』 1면 톱과 중간 4단을 매일 만든다는 건 이만저만한 일이 아니었다. 그걸 나와 동료들은 으레 그러려니 하며 해내었으니, 지금 생각하면 어떻게 그럴 수 있었는지 싶다. 동료들에 대한 신뢰와 그를 바탕으로 한 팀워

박정희 정부 당시
유혁인 청와대 정무수석
내가 언론계에서 만난 동료들은 후일
우리나라 정치권의 중추가 되었다.

크가 없었으면 불가능했을 것이다. 시시때때로 펑크가 나고 질퍽질퍽 사고가 났을 게 틀림없다.

내가 언론계에서 만난 동료들은 후일 우리나라 정치권의 중추가 되었다. 『동아일보』 동료들로만 한정해도 14대와 16대에 걸쳐 두 번이나 국회의장을 지낸 이만섭, 과기처 장관 김진현, 박정희 정부 정무수석 유혁인, 통일원 부총리 최영철, 문공부 장관 이웅희, 『동아일보』에서 뿌리를 내려 사장까지 역임한 권오기 등등. 경제부에 있던 친구들은 주로 기업이나 금융권 등으로 갔다.

그럼 이들, 피처고 캐처고 감독이고를 가리지 않고 필요하면 그 모든 포지션을 혼자서 다 맡아내던 이 선수들은 왜 결국 언론계라는 경기장을 떠나 다른 길로 접어들었을까? 왜 끝까지 언론인으로 남지 못했을까.

　베테랑 기자들의 그런 진로 변경을 두고 어떤 이는 권언유착이라고 하며 곱지 않게 보는가 하면, 몇몇 기자 지망생은 아예 기자 생활을 발판으로 삼아 정치권으로 가겠다는 야망을 품는 이도 있는 모양이던데, 글쎄……. 애초부터 그런 생각을 갖고 기자 생활을 시작한 사람도 물론 없으리란 법 없지만 적어도 나는 기자가 좋았다. 3등 국회의원 열을 갖다 준다 해도 보도국장 자리 하나하고 안 바꾼다는 말을 나는 좋아했고 그 말에 찬동했다. 그렇긴 한데……, 신문사에서나 방송국에서나 모두, 소위 어느 정도 짬밥이 차면 그 자리를 후배들에게 물려주고 자기는 떠나야 하는 게, 그게 사실 룰 아닌 룰이었다. 기자 사회에서 그건 가장 강력한 관례, 졸업이었다. 잘 큰 후배 자리 선배가 뭉개고 앉아 있기 없기!

　한데, 그렇게 자리 물려주고 나오면 난 뭐 하나.

　정치부든 경제부든 제 출입처 사정 누구보다 잘 알고 그곳 사람들과 미우나 고우나 오랫동안 알고 지냈으니 자연스레 자리 제안이 들어온다. 스카우트 들어온 자리가 마음에 안 찰 수도 있다. 혹은 자기 생각과 다른 정당이나 집단일 수도 있다. 그러나 한창 일할 나이에 내기장기나 두며 소일할 수는 없는 것 아닌가.

그렇게 언론사를 떠나 스카우트 되어 간 자리에서 기자들은 대개 자기 일을 잘 해낸다. 그랬으니 고위급의 책임을 맡은 것이지 애초부터 그 높은 자리로 부르진 않았을 것 아닌가. 이런 저간의 사정을 염두에 두지 않고 후배 기자들 중 몇몇은 그렇게 애써 변신에 성공한 선배 기자들을 마치 변절자처럼 씹기도 한다. 저 인간은 어떻게 여당으로 가냐. 저건 TK라 TK로 갔다…… 등등. 내 보기엔 그 험구 중 반은 질투심에서 나오는 듯했다.

베테랑 기자의 감 感
감 敢
감 甘

01.
김종필 총재와의
인연

김종필 총재와는 다소 묘하다면 묘한 인연을 갖고 있다.

『동아일보』시절 각 신문사의 몇몇 유력 기자들은 그와 정례적인 모임을 갖곤 했다. 『조선일보』편집국장 출신으로 후일 문화공보부 장관도 지낸 윤주영 씨가 다리를 놓은 모임이었다.

나는 5·16 직후 한 1년 반 정도의 기간 동안은 박 대통령과 5·16 자체에 반감을 품고 있었지만 김종필 씨에겐 상대적으로 그런 마음이 덜 했다. 그에게는 젊은 풍운아의 풍모가 배어나왔다. 개인적으로 그의 그런 면모에 끌리기도 했다.

4대 의혹 사건과 공화당 창당의 막전막후

김종필 총재는 1962년과 63년 사이 이른바 '4대 의혹 사건'의 자금으로 공화당을 만들었다는 '민주공화당 사전조직'의 잡음으로 쫓겨나다시피 유럽에 나가있다 들어왔었다. 이를 소위 JP의 1차 외유라고 한다.

4대 의혹 사건은 5·16 후의 군정시기에 일어난 부정 사건들인데, 증권파동, 워커힐 사건, 새나라 자동차 사건, 그리고 슬롯머신 사건(당시는 빠찡코 사건)을 말한다. 이들 사건은 거의 모두 중앙정보부에서 기획·실행한 것인데 당시 중앙정보부장이 김종필 씨였다. 민주공화당은 이 사건들로 마련한 돈을 자금 삼아 만든 것이라는 의심에서 자유로울 수 없었다.

'증권파동'은 그 시기 중앙정보부가 주가 조작을 통해 부당 이득을 챙긴 사건이다. 4대 의혹 사건 중에서도 가장 그 파장이 컸던 사건으로 62년 2월부터 6월까지 중정이 일으킨 광적인 증권 붐 속에서 투자자들이 자살 소동을 빚기까지 했다.

5·16 후에는 대다수의 재력가들이 부정축재자로 지목되어 있었

김종필 당시 중앙정보부장
그에게는 젊은 풍운아의 풍모가 배어나왔다. 개인적으로 그의 그런 면모에 끌리기도 했다.

다. 부정축재자 혐의를 피한 부자들은 정치헌금을 그냥은 내놓지 않으려 했다. 당연하지, 죄도 없는데. 거기다 공화당 창당이 중정 주도로 비밀리에 진행되고 있었으므로 부정부패 일소를 외치던 5·16 세력이 재벌들과 결탁할 수도 없는 상황이었다. 그래서 스스로 정치자금을 모으려고 증권에 개입해 들어간 것이었다. 그 대표적인 경우가 농협이 갖고 있던 한전주식이다. 증권회사들을 설립하고 한전주식을 헐값에 사들여 비싸게 값을 올려 팔았다. '워커힐 사건'은 중정이 외화획득을 한다며 정부자금으로 워커힐에 주한미군의 종합휴양지를 짓는 과정에서 거액을 횡령했다는 사건이다. '새나라 자동차 사건' 역시 중정이 일본의 블루버드 자동차를 불법 반입하고 이를 2배 이상 비싸게 팔아 폭리를 취한 사건이었고, '슬롯머신 사건'은 일본에서 불법 도박기계 100대를 세관을 속여 국내에 들여오면서 이득을 취한 사건이었다.

사건이 수면 위로 떠오르자 초대 중정부장이었던 김종필 씨는 책임지는 모습을 보이지 않을 수 없었고, 이에 외유를 나가게 되었다. 그때 그는 이렇게 말하였다.

"이번 여행은 나의 희망이 반, 외부의 권유가 반이었다."

이 말을 『동아일보』의 이만섭 기자가 '자의반 타의반(自意半 他意

半)'이란 말로 요약 표현하였고 그 후 지금까지도 '자의반 타의반'은 김종필 총재의 트레이드마크처럼, 그리고 아주 대중화되어 회자되고 있다.

내 생각엔 4대 의혹 사건 중 새나라 자동차 사건은 그리 큰돈이 되지 않았을 것 같다. 당시 그 일본 수입차는 별로 팔리지 않았다. 그리고 슬롯머신 건은 비슷한 시기에 일어난 사건이라 4대 의혹 사건으로 함께 묶인 것이지 이건 서울 시청에서 주도한 것이었다. 아마도 큰돈은 증권과 워커힐에서 나왔을 것이다.

이 4대 의혹 사건이 터졌을 때만 해도 내 위로 쟁쟁한 선배들이 많이 있었으므로 그렇듯 무겁고 큰 국가적 사건 취재는 내가 직접 맡지 않고 있었다. 그러다 그 2년 후인 1964년, 공화당 사전 조직에 관한 취재 임무를 혼자서 부여 받았다.

나는 우선 공화당 창당 시에 거기 사무직원으로 '자의반 타의반' 들어가 있었던 기자들을 만났다. 유능한 기자들을 끌어낸 경우들이 많았던 것이다. 그들 일부가 언론계로 복귀하고 있었다. 그리고 4대 의혹 사건으로 인해 조직에서 나와 언론계에 복귀해 있던 사람들을 만나 인터뷰를 진행했다. 편하게 말해서, 그때 그렇게 오만 사람 다 만났다. 과거로 흘러간 사건 취재는 자료와 관련자들의 기억에 의존

해야 하는데 자료가 불충분하니 그저 사람 많이 만나는 것밖엔 방법이 없었다. 그들을 만나는 건 그리 어렵지 않았다. 당시 『동아일보』 기자라면 다들 만나주었다. 이렇게 취재한 장문의 기사는 1964년 『신동아』 9월호에 실려 있다.

그 기사의 모두(冒頭)와 들어가는 말 정도는 여기 싣고 싶다.

「민주공화당」 사전조직

> 62년 1월 하순…… 종로2가 뒷골목 어느 「빌딩」에 「동양화학주식회사」란 간판이 나붙었다. 그러나 그것이 정치활동이 금지된 군사통치하 권부의 치맛자락에서 멋대로 커 나온 「지하」공화당의 본거지이라곤 누구도 몰랐다.

> "序—우리는 이제 한국민족의 역사 위에 일대전환을 가져와야 할 중대한 단계에 처해 있다. 조국을 위기로 이끌고 가던 십 수 년 동안의 구질서는 4·19와 5·16 두 번의 혁명에 의하여 붕괴되고 이제는 다시 그 혁명이념과 과업을 민주주의적 신질서에 의하여 수행해야 할 역사적인 시점에 다다랐다."

지난해 1월 18일 민주공화당의 신당발기선언은 위와 같은 글로 서두를 꾸미고 있다.

두 차례 혁명을 경험해야 했던 우리 사회의 후진성이 전적으로 독재와 부패와 무능으로 일관해온 정치 지도자들의 책임이라고 규정하면서 스스로 '말만 하는 정당'이 아니라 '일하는 정당'이라 이름하였다.

규탄 받은 정당들—20년이란 그리 길지 않는 우리 헌정의 나이테 위에 백(百)을 헤아릴 수많은 정당들이 명멸했다. 혹은 정권을 주름잡아 독재의 온상을 이루기도 했고, 혹은 민권투쟁의 전위자이기도 했고, 다방 구석을 헤매다 만 하찮은 존재일 경우도 많았다.

그러면서도 그대로 자연스러운 생성계기는 있었고, 소멸된 후에도 범죄적인 의혹과 함께 인상 주는 경우는 그리 흔하지 않았다.

민주공화당의 창당 내력에 관한 공식 기록은 63년 1월 10일의 첫 발기인회가 첫 시작임을 밝히고 있다.

그러나 지금 이 기록을 믿는 이는 아무도 없다.

그 공화당이 정치활동이 금지된 군사통치 아래서 정권의 치맛

자락 아래서 멋대로 커 나온 '지하공화당'의 후신이고 오늘의 분규의 씨앗도 바로 그때부터 배태된 것이라는 사실은 누구나 아는 얘기이기 때문이다.

이 '지하공화당'의 역사는 5·16의 삼엄이 채 풀리지 않은 62년 1월에서 비롯된다.

후일 내 큰동서 형님이 된 강성원 씨도 이 취재 진행 중에 만났다. 그는 강성 군인의 이미지를 갖고 있었는데 공화당 사전 조직의 실무 책임자였다. 말하자면 공화당은 실질적으로 강성원 씨가 발로 뛰어 만들었다고 해도 과언이 아닐 정도였다. 그는 협찬이나 협조를 구할 상대를 힘으로 밀어붙였는데, 5·16 직후 사회분위기에선 그게 통했던가 보다. 협상 테이블 위에다 우선 자기 허리에 차고 있던 권총부터 얹어놓고 얘기를 시작했다고 하니……. 그랬던 강성원 씨도 그땐 놀고 있던 신세였지만 그 시기를 지나자 공화당 사무총장 길재호 계의 일원으로서 서울시당 기획실장의 책임을 맡았다.

4대 의혹 사건으로 여론이 끓고 온갖 잡음이 나자 박정희 당시 최고회의 의장은 공화당에 입당하지 않고 '범국민당'이라는 정당을 새로 만들었다. 그래서 공화당의 초대 총재는 박정희가 아니라 법조인 정구영 씨다. 일제와 이승만 시절을 지나오면서 올곧은 법조 활동으로 깨끗한 이미지를 쌓아온 그는 공화당 초대 총재를 맡고 1호 당원이 됨으로써 세간의 비판도 들었지만, 후일 3선 개헌과 유신헌법에 반대하면서 탈당했다.

범국민당은 엄인영 최고회의 의장 고문과 제2대 정보부장 김재춘 씨가 실무적인 뒷받침을 해서 만들었다. 동아일보 건너편 의사회관에서였다. 구 자유당 인사와 구 민주당 구파의 일부 인사 중심으로 만들었는데 태동과정에서부터 임시적 성격이 강했던 그대로, 얼마 후 박 대통령이 공화당으로 옮겨가면서 곧 유야무야 없어져 버렸다.

풍운아에겐 미안한 특종상

1차 외유에서 돌아온 김종필 씨는 얼마 안 있어 중남미로 2차 외유를 나가게 되는데, 그의 이 2차 외유에는 나도 일말의 책임이 있지 않을까 싶다.

김종필 씨는 1차 외유에서 돌아와 1963년 한일회담에 진척을 보이며 '김―오히라 메모'를 작성하였다. 일본의 식민지배에 대한 배상으로 우리가 무상공여 3억 달러, 장기저리 차관 2억 달러, 경제협력 자금 1억 달러를 받는다는 회담 내용을 담은 것인데, 외교상의 문서 절차 없이 말 그대로 메모 형태로 적어놓은 두 장의 서류였다. 그러나 한일회담은 1964년까지도 완전한 타결은 지어지지 않은 상태였고, 대학가에선 김—오히라 회담을 굴욕외교라고 연일 시위를 벌였다.

그즈음 김종필 씨가 대만을 경유해 월남을 갔다 올 일이 있다고 했다. 당시는 일본 외의 나라로 나가고 들어오려면 우선 동경을 거쳐야 하는 노스웨스트 항공 노선밖에 없었다. 한데 동경 특파원으로 나가있던 권오기 기자로부터 이런 연락이 왔다.

'이상한 소문이 동경 정가에 파다하다. 김종필 씨가 여기 들어와서 한일회담을 최종 타결 짓기로 했다는데, 묘하게도 그가 일본 온다는 소리는 없다.'

그러고 보니 김 총재가 대만이나 월남에 가서 딱히 할 일도 없어 보였다. 그렇다면…… 비행기 노선의 환승지가 동경이고……. 기자로서의 감이 왔다.

출국 전 정례모임을 갖는 기자들이 김종필 씨와 저녁식사를 할 때였다. 나는 그에게 은밀히 물었다.

김종필 당시 중앙정보부장과 기자들의 정례모임
월남 갔다 오는 길에 김종필 씨가 한일 국교정상화 회담을 최종 매듭짓지 않겠느냐는 추측을 했다.

"이번에 월남 가시는 이유가, 사실은 돌아오는 길에 '그거' 마무리 하려는 것 아닙니까?"

그러자 김 총재가 흠칫하며 우선 "쉬잇!" 소리로 입막음부터 했다.

"김 기자, 그거 노출되면 안 돼요. 절대 얘기하지 말아요."

그러나 나는 기자다. 국민적 관심사를 알아냈는데 기사를 안 쓴다는 건 기자로서 직무유기가 아닌가. 그를 수행해 대만과 월남을 가는 기자단에 포함되었지만 나는 그에 관한 기사를 써서 편집국 데스크에 던져놓고 출국 비행기에 올랐다.

월남 갔다 오는 길에 김종필 씨가 무려 14년이나 끌어온 한일 국교정상화 회담을 최종 매듭짓지 않겠느냐…….

이런 내용의 기사였다.

그 기사 때문인지 김종필 씨가 대만과 월남, 동경에서 돌아오자 학생 데모가 극심해져 있었고 그는 돌아오자마자 그 사태에 대한 방패막이가 되어야 했다. 이때 박 대통령은 김 총재에게 이렇게 말하였다.

"좀 쉬어야겠어!"

김 총재는 선선히 답변했다.

"말씀을 따르지요."

그렇게 그는 다시 2차 외유를 나가야 했던 것이다. 첫번째 외유는

동남아 출장 당시 김종필 씨를 수행해 월남을 가는 기자단에 포함되었지만 나는 그에 관한 기사를 써서 편집국 데스크에 던져놓고 출국 비행기에 올랐다.

유럽이었고, 두번째는 중남미였다.

나는 그 기사로 특종상을 받았지만 개인적으론 좀 미안할 수밖에 없었다.

장개석 총통과의 만남

그때 김 총재를 수행해 나간 대만에서 우리 기자단 8명은 장개석 총통을 인터뷰할 수 있었다. 그의 집에도 가고 집무실도 방문했다. 그는 옛날 일본 식민지 시절 일본인들이 빨간 벽돌로 지어놓은 총독부 관저를 집무실로 쓰고 있었다.

그가 먼 길 온 우리에게 내놓은 건 차도 아니고 커피도 아닌 냉수

한 잔씩이었다.

그 맹물 잔들을 앞에 놓고 그가 말했다.

"자고로 '군자지교(君子之交)는 담여수(淡如水)'라 했습니다. 군자들의 사귐은 물처럼 담백하다는 말이지요. 드십시오."

기자단은 장개석이란 유명 인물을 만난 자리에서 그렇게 물 먹었다. 군자지교는 담여차(茶)라고 할 수도 있을 터인데……. 하긴 옛날 옛적 우리 여인네들이 산신령이나 북두칠성에 대고 무언가 치성을 드릴 때 그 신령한 존재들에게 바친 것이 맑은 냉수 한 사발이었으니, 그런 면에서 보면 그는 우리에게 최고의 대접을 한 것일 수도 있겠다.

그때 그와 무슨 얘기를 나누었던지는 지금 기억이 나지 않는다. 애초 무슨 특정 사안이 있어서 만난 건 아니었으니까. 그저 그렇고 그런 한담이나 잠시 했던 듯하다.

장개석, 사진으로만 보다 실제로 만나보니 많이 늙고 말라 있었다. 저런 역사적 인물도 세월 앞에선 어쩔 수 없이 쇠락하는구나, 싶어 잠시 스산한 마음이 일기도 했다.

장개석 사후에 그의 통치를 이어받은 장경국 총통도 만난 적이 있는데 마음 한켠에 이런 생각이 들기도 했다.

'난 네 아버지하고 이야기하던 기자야!'

장개석을 만났으니 모택동도 만날 수 있었으면 좋았을 텐데 그 바람은 이루어지지 않았다. 항우와 유방처럼 대륙을 놓고 패권을 겨루었던 중국 현대사의 두 효웅(梟雄)을 모두 직접 만나 그들의 풍모와 인물됨을 비교 가늠해 보았다면, 그것도 기자 생활의 보람으로 남았을 것이다. 모택동은 특히, 내 젊은 시절 에드가 스노Edgar Snow의 『중국의 붉은 별』을 읽고 상당히 끌렸던 인물이기도 하다.

"각하, DJ를 이기려면 JP가 있어야 합니다."

김종필 총재는 2차 외유에서 돌아와 공화당 의장을 맡았다가 다시 3차 외유를 떠난다. 그 이유는 분명하지 않다. 여러 말들이 분분한데 아마도 그가 박 대통령이 추진하던 3선 개헌에 긍정적이지 않았던 기색을 보였고, 그것이 이유가 되어 최고 권력자의 눈 밖에 났던 게 아닌가 하는 추측이 설득력 있어 보인다.

말이 좋아 외유(外遊)지 사실 정치인으로선 유배와 다를 바 없는 것이 아닌가. 5·16 후 그리 길지 않은 세월 동안 3번이나 외유라는 명목의 유배를 떠난 김종필, 풍운아 이미지에 어긋나진 않아 보인다.

김 총재의 3차 외유는 1971년, 김대중 신민당 후보와 박정희 대통령 간 4·27 대선을 앞두고 풀렸다. 당시 동양통신 사장이며 공화당의 실력자였던 김성곤 씨가 박 대통령에게 이런 조언을 했다고 한다.

"각하, 김대중을 이기려면 김종필이 있어야 합니다. 대중 장악력이 있는 김종필의 연설 솜씨가 이번 선거에서 꼭 필요합니다. 그에게 공화당 부총재 자리를 주고 이제 그만 데려오는 게 좋겠습니다."

그의 말은 옳았다. 그의 말대로 김대중 후보를 이기려면 꼭 김종필이 있어야 했는지는 잘 모르지만, 당시 박 대통령 밑에서 공화당 전체를 아울러 묶을 사람은 김종필 외엔 다른 대안이 없었다. 사실 김성곤 씨는 김종필 총재와는 정치적 라이벌이라 할 수 있었지만, 대선 필승 카드로 자기 정적을 불러들이라는 제안을 했던 것이다. 김성곤 씨는 내각책임제였으면 총리라도 할 만한 인물이었다. 통이 크고 호방했다. 콧수염을 멋지게 기르고 있었는데, 훗날 그 콧수염은 그의 치욕과 몰락의 상징이 되었다.

김성곤 씨는 박 대통령에게 김종필 귀국 제안을 하기 전, 무슨 의도에서였는지 신문사 정치부장들을 불러 음식점에서 식사 후 자택에서 한 잔 더 하며 '내가 각하께 이러이러한 제안을 할 것'이라는 말을 먼저 흘렸다. 어쩌다 술김에 실수로 한 것이 아니라 진지하게 말하였다. 그는 술도 두주불사, 매우 셌다. 한데 그의 이 제안에 관한 정보를 그때 자리를 함께 했던 정치부장들 중 누군가 김대중 후보에게 전했고, 그것 때문에 도청을 했네 안 했네 잡음이 일기도 했다.

박 대통령은 김성곤 씨의 제안을 받아들여 김종필 씨를 공화당 부총재로 불러들였고, 선거에서 이겼다. 그 선거 치르고 나서 김종필 부총재는 국무총리가 되었다.

이데올로그 역할

1979년 10월 26일 박정희 대통령이 서거하고 난 후 우리 정가는 숨 가쁘게 돌아가기 시작했다. 소위 김종필, 김대중, 김영삼의 3김 시대가 열린 것이다.

이때 나는 언론계를 떠나 국회의원으로 정계에 몸담고 있었는데 나와 가깝게 지낸 김창근 의원이 내게 김종필 총재를 돕자는 제의를 해왔다. 포스트 박정희 시대는 아무래도 그와 함께 나라를 이끌어 온 JP가 맡는 게 당장의 난국을 풀어갈 안정적 방안이 아니겠냐는 것이었다. 김 총재는 박 대통령 살아생전부터 후계자 될 준비를 하다 눈 밖에 날 정도였으니 그럴 만도 하다는 생각이 들었다. 김창근 의원은 나와 막역하게 지내온 문리대 정치학과 선배이기도 했는데, 그는 그때 김 총재의 각별한 신임 속에 공화당 정책위 의장을 맡고

김종필 총재의 정치적 비전과 이념을 정리한
『새 시대의 고동』
작업에 참여하면서 총재에 대한 그간의
미안한 마음을 털어버릴 수 있어서 좋았다.

있었다. 나는 그와 함께 김종필 총재를 보좌하기로 마음을 굳혔다.

나와 김창근 선배, 정치학과 후배 이종률 의원, 나중에 동아일보 사장이 된 김학준 씨, 외교학과 교수를 하다 후에 대사를 역임한 J 씨, 그리고 경제 관료였던 황병태 씨, 이렇게 여섯 명은 김종필 총재의 정치적 비전과 이념을 정립하는 역할을 했다. 김 총재가 대통령이 될 경우 해나가야 할 일들을 각 분야별로 여섯 명이 연구하고 정리하며 아이디어를 모았다. 이렇게 하면 당신은 대통령으로서 나라를 잘 이끌어 나가게 될 겁니다, 하는 정신적 방향 제시를 했던 것이다. 우리 여섯 사람은 연구하고 제시했던 사안과 아이디어들을 모아

『새 시대의 고동』이라는 한 권의 책에 담아냈다.

그 후 전두환이 12·12 사태를 일으켰고, 그의 무지막지한 폭력 탄압과 함께 3김 시대도 종말을 맞았다. '새 시대의 고동' 소리도 잦아들 수밖에 없었다. 안타까웠다.

『새 시대의 고동』 작업에 참여하면서 개인적으론 김종필 총재의 2차 외유 원인을 제공한 듯한 기사 작성으로 그간 그에게 갖고 있던 미안한 마음을 털어버릴 수 있어서 좋았다.

12·12 이후 이야기는 나중에 좀 더 해야겠다.

02.
한미 정상회담의
백악관에서 스케이트를 타다

1965년 5월 17일, 나는 한미 정상회담이 벌어지고 있던 미국 백악관의 국무위원실 앞에 대기하고 있었다. 미국 기자 서너 명과 함께였다. 한미 양국 정상이 만나는 자리에 기자가 고작 서넛? 그렇다. 그 백악관 출입 기자단 대표 약간 명과 나는 풀 기자로서 그 자리에 있었던 것이다.

정상회담처럼 중대한 사안에 기자가 너무 많으면 소란스럽고 산만해질 수 있다. 그럴 땐 대표기자 한 사람이 취재한 다음 그 기사를 각사가 나누는데 이 때 그 대표기자, 혹은 그런 시스템을 풀 기자라

박정희 대통령 미국 방문 당시 기자 간담회
정상회담처럼 중대한 사안은 한 사람이 취재한 다음 그 기사를 각사가 나누는데 나는 그 대표기자, 풀 기자로서 가 있었다.

고 한다. 말하자면 카풀car pool, 차 한 대에 여러 명이 나눠 타고 가는 것과 같다. 풀 기자는 카풀할 때의 카, 혹은 그 카의 운전자쯤으로 이해하면 되겠다.

한 30분쯤 지났으려나. 회담장에서 들어오라는 신호가 왔다. 한데 회담장에는 그날의 두 주인공, 박정희 대통령과 존슨Lyndon Johnson 대

박정희 대통령과 존슨 대통령의 만남
두 대통령은 회담장 밖의 정원에서 개를 산책시켰다.

통령은 없고 테이블 양편에 양국 수행원들과 국무위원 몇몇만 있을 뿐이었다.

내가 주위를 둘러보며 물었다.

"대통령들은 왜 안 계시지요?"

누군가 대답해 주었다.

"정원으로 나가셨어요. 개들을 보실 겁니다."

박 대통령이 서울에서 출발하기 전 존슨의 애견이 아프다는 소식을 전해 듣고 그 개의 안부를 묻는 전보를 보낸 기억이 났다. 회견장에서 애견 이야기가 다시 나오자 존슨 대통령이 직접 보시라며 데리고 나갔다는 것이다. 존슨 대통령 역시도 박 대통령이 청와대에서

'방울이'라는 강아지를 키우는 애견인이라는 것을 알고 있었다.

나는 얼른 정원으로 따라 나갔다.

존슨 대통령이 키우는 개 두 마리는 콜리^{Collie} 종으로 보였다. 순하지만 덩치가 상당히 컸다. 존슨은 그 중 한 마리의 줄을 박 대통령에게 주고 나란히 개를 앞세우며 산책하려 했지만 박 대통령 쪽 개는 주인의 의도를 알지 못했다. 그 개는 자기 목줄을 쥔 이가 낯설어서인지 여기저기 마구 나대며 갔다. 그러다 보니 덩치가 작은 박 대통령이 큰 개에게 끌려다니는 모양새가 되었다. 보기에 좋지 않았다. 박 대통령은 결국 개에게 다가가 놈의 앞발을 들어 달랬고, 그때서야 개가 말을 들었다.

존슨 대통령은 그 정원으로 우리나라 기자단을 불렀고 박 대통령은 기자들의 각 소속사와 이름을 소개해 주었다. 전체적으로 화기애애한 분위기였지만 마음 한 구석이 어쩐지 언짢다고 해야 할지 구리구리하다고 해야 할지 아무튼 개운치가 않았다. 왜 그런가 했더니 개 때문에 난처해하던 좀 전의 우리 대통령 모습이 떠오르는 거였다. 존슨의 좋은 의도를 모르는 바 아니었지만 적어도 두 나라의 정상회담에서 있을 만한 풍경은 아니지 않나.

백악관 연회실에서 박 대통령 환영 만찬
나는 풀 기자로서 취재에 들어갔다. 대여되어 온 복장과 신발을 무도회 직전까지 확인할 수 없었는데, 그것이 백악관에서 스케이트를 타게 된 사연이 될 줄이야……

이날 저녁 백악관 연회실에서 존슨 대통령이 주최한 박 대통령 환영 만찬과 무도회가 있었다. 거기서 내가 스케이트를 탔던 것이다.

우리나라 기자단은 만찬 이후 무도회에 초대되었는데, 우리가 언제 그런 걸 해봤나. 다들 검은 토스킹(60년대 제일모직의 모직물 명—편집자 주) 기지(きじ—옷감) 양복 일색이었다. 백악관 무도회에 참가하려면 밴드마스터 같은 턱시도와 네이비 슈(navy shoe—해군화)를 신어야 했다.

우리는 한 사람당 12달러나 주고 낮에 미리 그 옷과 신발 대여신청을 했다. 나는 내 옷과 신발 사이즈를 동료 기자에게 알려주고 나서 풀 기자로서 취재에 들어갔다. 그래서 대여되어 온 복장과 신발을 무도회 직전까지 확인할 수 없었다.

취재를 마치고 영빈관 호텔 격인 로저스미스 호텔$^{Roger Smith Hotel}$로 와 곧 있을 무도회 준비를 하는데, 난감했다. 신발이 문제였다. 내 발에 맞는 크기는 6인데 9사이즈가 배달되어 온 것이었다. 대여점에서 숫자를 뒤집어 읽었던가 보았다. 시간이 촉급하니 바꿀 수도 없고, 신고 가자니 과장 섞어 무슨 항공모함 두 개가 발에 달린 것마냥 덜컥대었다.

어쩔 수 없었다. 스케이트를 타듯 신발을 질질 끌고 가는 수밖에. 로저스미스 호텔에서 백악관까지 '항공모함'이 아니라 잘 맞는 신발을 신고 걸어도 그리 녹록한 거리가 아닌데 나는 굳세게 스케이팅을 했다.

평지는 그래도 괜찮았다. 계단이 거북했다. 무도회장은 2층이었고 그곳으로 오르는 계단에선 백악관 막료들이 호스트 격으로 도열해 악수를 청하는데, 층계에선 스케이트를 탈 수가 없지 않나. 구두가 자꾸 벗겨지는 거였다. 창피했지만 난 어차피 여행객이니까, 하는 심정으로 되레 유쾌하게 웃어 보였다. 그러면서도 한편으론 신경을 곤두세워 조심을 해야 했다. 커다란 신발이 자꾸 벗겨지는 데서 그쳐야지 그 바람에 자칫 넘어지거나 계단을 구르면 그게 무슨…….

그 무도회에서 육영수 여사 외에 한국 사람은 아무도 춤추지 않았다. 춤 출 줄을 알아야 추지. 거구인 존슨 대통령은 육 여사에게 춤을 청하여 느린 왈츠를 추며 회장을 한 바퀴 돌았다. 존슨 대통령 부인도 박 대통령과 춤을 추자고 청하였으나 박 대통령은 이 프러포즈를 거절하였다. 어떤 이는 박 대통령의 그 거절이 외교상의 결례였다고 꼬집기도 했지만 외교는 외교고 춤은 춤인데 어쩌겠는가. 아마 춤 못 추는 자 누구라도 그럴 수밖에 없었을 것이다. 더구나 그런 무도회의 볼룸에서 추는 왈츠류 춤은 남자가 리드해가야 하는 것 아닌가.

얼마쯤 있다 박 대통령은 피로하다면서 이렇게 말했다.

"가자!"

육 여사는 물론 수행기자들도 다 '가자'라는 그 힘찬 말에 따라 각자의 숙소로 '갔'다. 존슨 대통령은 현관까지 나와 박 대통령 부부와 기자단 일행을 전송하였다.

나는 다시 스케이팅으로 로저스미스 호텔까지 가야 했다.

03. 『중앙일보』 창간 에피소드

　오늘날 세칭 '조·중·동'으로 일컬어지는 3대 일간지 중 하나, 『중앙일보』는 1965년 9월 22일 삼성그룹 창업주 이병철(李秉喆)이 창간하였다. 일제치하 민간 3대지 중 하나였던 『중외일보(中外日報)』의 후신으로 그 지령을 이어가던 옛날 『중앙일보』와는 이름만 같을 뿐 다른 신문이다.

　내가 『경향신문』에서 『동아일보』로 옮길 때 많이 안타까워했던 정종식 선배는 『중앙일보』 정치부장으로 창간 멤버가 되어 자기 부서를 조직해야 할 책임을 맡고 있었다. 그가 함께 일할 타사 기자들

스카우트에 들어가자 그 영입 제안을 받은 이들이 처음 묻는 말이 이것이었다고 한다.

『동아일보』 김영수 기자도 가느냐. 그 사람이 가면 나도 간다.

업계 동료들한테서 인정을 받은 것이니 나로선 어깨가 으쓱할 만큼 기분 좋은 일이었지만 정 선배 입장에선 난처한 일이 아닐 수 없었다. 내 의견이 어떤지 알 수 없었지만, 업계 1위 막강『동아일보』에서 이제 갓 세상에 나올 신문으로 누가 움직이려 하겠는가.

그때가…… 기자협회 창립 직후였는데, 그즈음 나는 공병단 난동사건을 취재하러 김해에 내려가 있었다. 김해에서 건설작업을 하던 국군 공병단이 그 지역 신문에서 자기들에 대해 불리한 기사를 썼다는 이유로 기자들을 마구 두들겨 패고 신문사 지국을 뒤엎는 난동을 부린 것이다.

당시 편집인협회 보도자유위원장을 맡고 있던 『한국일보』 임홍빈 선배(현 문학사상 발행인)와 김포공항에서 비행기를 타고 부산을 거쳐 육로로 김해에 들어가 취재하고, 다시 부산으로 와서 원고를 보낸 후 『서울신문』 노철용 기자와 통화하던 중 나는 정 선배의 급한 소식을 접했다. 그는 김해로 내려가는 나를 만나려고 이제나 저제나 서울역에서 무작정 기다렸다고 한다. 그러다 지쳐서는『중앙일보』

에 사표를 내려 한다는 것이었다.

내가 말했다.

"아니 왜 사표까지 내려고 하지?"

"글쎄, 자기 혼자서는 부서를 만들 능력이 없다고 아주 기운 빠져 하던데."

"그러지 마시라고 해. 일단 내가 서울 올라갈 때까지 좀 기다리라

『중앙일보』 정치부 차장 당시 정종식 부장과 함께
당시 『중앙일보』는 신문·라디오·TV 등 3개 매체를 겸영하는 첫 언론기관이었고 일류 스펙의 우수한 후배들이 지원해왔다. 특히 정치부에의 지원이 압도적으로 많았다.

고 전해줘. 웬만하면 『중앙일보』 가야지, 뭐. 선배가 그렇다는데."

그렇게 나는 창간 『중앙일보』에 정치부 차장으로 합류하게 되었다.

곧 견습기자 1기생들 공채도 진행했는데 요즘 용어로 말하면 정말 일류 스펙의 우수한 후배들이 지원해왔다. 당시 『중앙일보』는 '동양(東洋) 라디오'와 '동양 텔레비전'을 통합 운영하여 신문·라디오·TV 등 3개 매체를 겸영하는 첫 언론기관이 된 영향도 있었을 것이다. 우리는 지원자 중 50명을 뽑았는데 그 가운데 40여 명이 정치부를 지망했다. 우리는 타부서 사람들에게 어깨에 힘을 주며 웃었다. 정치부 뭐가 좋다고 이렇게들 오고 싶어한담, 하하…… 이러면서. 즐거운 비명을 지르며 힘들게 힘들게 3명의 새내기 정치부 기자들을 뽑았던 기억이 난다. 그 중 2명은 나중까지도 흡족했지만 하나는 영 잘못된 선택이었다.

이 시절 내가 한동안 날마다 아주 혼이 난 일이 하나 있었다. 지금 생각해도 머리를 젓게 된다.

1면에 「희평(戱評)」이라고 해서, 시사만화 들어가고 그 만화 내용과 관련하여 짧은 글을 싣는 난이 있었다. 오 아무개라는 만화가가 그 일을 맡았는데 만화와 글이 서로 어긋나는 경우가 많았다. 그럴 땐 내가 글을 쓰곤 했다. 한데 문제는 그 소재였다. 오 아무개는 아침마다 내게 와서 그날의 소재를 달라고 하는 거였다. 하루 이틀도 아니고, 소재를 짜내서 주면 그걸 제대로 소화도 못 하니 점차 그에게 줄 시사 아이디어가 궁해지기 시작했다. 나중엔 아이디어가 말라붙어서 그가 멀리서 내 쪽으로 오는 것만 봐도 '에고, 오늘은 또 뭘로 하나…….' 싶어 겁이 다 덜컥 나곤 했다. 그야말로 없는 살림에 무슨 일수 찍는 것도 아니고.

결국 나는 그 만화가에게 이렇게 말하였다.

"야, 네가 만드는 칼럼, 이제 네가 알아서 해라. 더 이상 나 찾아오지 좀 마."

날마다 지치지도 않고 재치 있는 만평을 싣는 시사만화가들 대단하다는 걸 그때 처음 알았다.

04.
정치부 기자들이 신발로 치는 신년(新年) 점과 운수대통

예전엔 해마다 연초가 되면 정월 초하룻날 각 신문사의 정치부 기자들은 직위에 상관없이 자기가 맡고 있는 당의 실력자들 집을 차례로 방문했다. 당시 신문 발행은 지금과 달리 연중무휴였지만 1월 1일부터 3일까지 유일하게 쉬었다. 그 짬을 내는 것이었다.

그 귀한 휴일에 기자들이 정치인들에게 새해 인사라도 드리려는 걸까? 천만에, 그건 아니다. 아, 물론 새해 인사드린다는 명목을 내세우기는 한다. 그러나 우리 기자들은 나름 중요한 다른 목적이 있었다. 점을 치러 가는 것이다, 신발 점.

기자들은 우선 방문한 집 현관에 놓인 신발부터 살핀다. 어떤 집에 방문자들의 신발이 문전성시를 이루고 있으면 아, 올해는 이 양반이 뭔가 하는 분위기구나. 신발이 없으면 이 사람은 세가 시들해졌구나, 혹은 끝났구나 하고 감을 잡는다. 말하자면 그 한 해의 정당 정치 지형과 권력 향방을 미리 가늠해 보는 것이었는데, 정치부 기자들의 그 점괘는 대개 틀리지 않았다.

1967년 정초에 나는 신발 점괘 정도가 아니라 아주 큰 건, 월척을 낚게 되었다. 낚시꾼들은 뭐라 할지 모르지만 그건 기자로서 통쾌한 데 더해 얼마간은 고소를 머금게 되는 일이었다.

그날 나와 정종식 부장은 함께 공화당 간부들 집을 빙 돌다가 거의 마지막쯤에 돈암동에 있는 길재호 사무총장 집으로 갔다. 그때 시간이 오전 10시 반쯤인데 다른 방문객은 없고 이 양반 혼자서 허겁지겁 밥을 먹고 있었다.

정 부장이 말을 건넸다.

"정초에 떡국도 아니고 이 시간에 웬 밥을 그렇게 드십니까?"

길 사무총장이 몰아넣은 밥을 삼키고 나서 대답했다.

"아이고, 이거 말도 마시오. 각하께서 갑자기 부르셨어요."

우리는 구미가 확 당겼다.

"왜요? 무슨 급한 일이라도 있나봅니다."

"급한 일은 뭐. 각하께서 부르니까 급한 거지. 저 남쪽으로 골프 치러 가잡니다. 밥 먹고 빨리 가야돼요."

나와 정 부장은 자연스레 눈을 마주쳤다. 그리고 틈을 봐서 이렇게 얘기를 나눴다.

"따라가야겠지요?"

"그래, 우리 회사의 청와대 출입기자는 아까 다녀갔으니……."

"나밖에 없어요. 내가 가겠소."

정 부장이 고개를 끄덕였다.

나는 길 사무총장에게 기자로서 내가 수행하겠다고 말했다. 그는 고개를 갸웃했다. 탐탁지 않은 눈치로 봐서 아마도 이런 생각을 하는 것 같았다. 각하 허락도 없었는데…….

나는 얼른 그럴 듯하게 말했다.

"국가원수 동정이 사흘 동안이나 보도에 안 나가는데, 그렇더라도 기록은 되어야 하지 않습니까."

평소 우직한 성품의 그에게 내 말은 잘 먹힌 듯했다. 그는 '아, 그렇지, 그렇겠구나.' 하는 양으로 고개를 끄덕였다.

여의도에서 뜨는 국내선 비행기에는 박정희 대통령과 열대여섯 명 정도가 함께 탔다. 기자는 나 혼자. 박종규 경호실장이 내 옆으로 와서 물었다.

"누가 얘기해서 여기 탔습니까?"

"길재호 사무총장께서 함께 가자고 했습니다."

그는 잠시 갸웃하더니 더는 아무 말 없이 제자리로 돌아갔다. 아마 그때 길 사무총장의 위세가 꽤 컸던 탓도 있을 것이다. 가던 길에 마침 대구 서문시장에 큰불이 났다는 소식이 와서 그곳을 들러 잠시 시찰하고 부산 해운대로 갔다. 김성곤, 구태회, 이후락 씨 등은 해운대 극동호텔에서 합류했다. 당시 해운대는 극동호텔 외에는 텅텅 빈 바닷가였다.

그 쟁쟁한 정계 실력자들 중 누구도 나를 함부로 대하지 못했다. 그도 그럴 것이, 내가 누구 연락을 받고 함께 가고 있는지 모르니까. 길재호 사무총장이 함께 가자고 했다면 그것이 그의 단독 판단인지 하늘같은 각하의 언질 아래 제안된 것인지 알 수 없는 것이다. 그렇다고 그런 소소한 걸 각하에게 확인해봐? 그건 아니었다. 그러니 다들 그런가 보다 하고 있는 것이었다. 박정희 대통령만 '당신 여기 왜 왔느냐, 어떻게 왔느냐' 타박하지 않으면 되는 것인데 그는 내게 별

신경도 안 쓰는 눈치였다. 나는 그 절묘한 관심의 사각지대에서 이 사람 저 사람과 한담 겸, 취재 겸, 그들 간의 대화 경청 겸, 혼자서 자유롭게 돌아다녔다. 재미가 쏠쏠했다.

해운대에서 골프를 마치자 김성곤 씨가 내게 몇 십만 원가량의 돈을 주며 말했다.

"김 기자, 같이 서울까지 가려 했는데 각하께서 지금 제주도로 가서 한 라운드 더 치자고 하시네. 거기까지 또 데려갈 순 없잖아. 안 됐지만 우리만 갈게. 이건 얼마 안 되지만 차비 하고."

그렇게 그들 일행과 헤어져 서울로 오기 전 정 부장과 통화를 했는데 뜻밖에도 대통령 일행이 비행기를 돌려 다시 김해공항으로 온다는 것이 아닌가. 제주도는 바람이 세서 골프 칠 형편이 아니라고. 나는 부랴부랴 김해공항으로 나갔다. 거기서 다시 박정희 대통령을 맞아 인사를 하고 그들과 함께 해운대 골프장으로 향했다. 대통령은 '어, 이 친구 아직 안 갔네.' 하는 기색으로 내게 웃어보였다. 이렇게 되고 나니 그들 일행과 나 사이에는 한결 친숙한 분위기가 만들어졌다. 그 여행에서 나는 대통령의 신년구상이 대체로 어떠어떠한지 그 방향을 가늠할 수 있게 되었다.

그리고 그해 첫 『중앙일보』, 그러니까 1967년 1월 4일자 『중앙일보」 1면은 「박 대통령 해운대서 새해 정국구상」이라는 제하의 내 기사로 지면의 3분의 2가 채워졌다.
 이 기사의 반향은 컸다. 기자 사회에서 특히 컸다. 이런 식이었다.
 '박 대통령의 신년 구상을 꿰뚫다니…….'
 '청와대 출입기자가 아닌데도 신년 정국구상 골프 여행까지 따라간 걸 보면 김영수가 저쪽 고위층하고 뭔가 있다, 뭐 있는 거 아니냐.'

 뭐가 있긴…….
 하긴, 재미는 좀 있었다. 그리고, 아무리 내 신분이 기자라곤 하지만 경호실장 포함, 대통령을 지근거리에서 보필하는 사람들이 그렇게도 경호와 수행인원에 무심해서야……, 하는 생각으로 머금었던 씁쓸한 웃음도 있었다. 그게 그때 내가 가진 '뭐'의 전부였다.

05.

나는 새도 떨어뜨릴 사람을 떨어뜨린 격

"허허, 이후락이가 정보부장 어지간히 하고 싶었던 모양이지?"

박정희 대통령이 했다는 말이다. 이후락 씨가 주일대사를 하고 있을 때였다.

정치부 기자 생활을 하다보면 자연히 정가(政街) 뒷얘기에 밝을 수밖에 없다. 어떤 건 그저 뜬소문에 지나지 않는 것도 있고 어떤 건 알려진 것보다 때로 더 심각한 사실이 담겨 있기도 하다. 그런가 하면 싱거운 웃음이나 한 번 웃고 말 얘기도 있고······.

박정희 대통령 시절 4대 정보부장 김형욱은 그 불같은 성격과 폭력성, 그리고 의문의 죽음으로 지금까지 회자되는 사람이다. 그는 누군가 자기 후임으로 지목되거나 대통령의 마음이 갔다 하면 그 사람을 가만 두지 않았다.

그의 후임으로 박 대통령이 물색한 사람은 육사 8기생이었는데, 김형욱이 그 사실을 알고는 대통령이 마음에 둔 이를 잡아 가둔 건 물론, 그의 일가친척까지 샅샅이 뒤지고 털었다. 약점을 잡아 그를 낙마시키려는 것이었다. 당시 우리나라 정보부장은 나는 새도 떨어뜨린다고 할 정도로 위세 등등한 사람 아닌가. 그런 이가 눈을 부라리고 찾아내는데 조그마한 흠 하나라도 안 나올 사람이 어디 흔할까. 더구나 정치권에 있는 사람이……. 결국 물망에 올랐던 그 사람은 낙마하고 말았다.

박 대통령 입장에선 그런 김형욱을 곱게 볼 순 없었을 것이다. 자기가 생각해 둔 차기 정보부장을 감히 허락도 없이 시쳇말로 그렇게 '조지고' 덤벼드니.

김형욱 사후 그의 후임인 신직수 부장 시절, 주일대사 이후락이 뭔가를 보고하러 국내에 들어왔을 때 박 대통령은 그에게 정보부장

언질을 주었던가 보다. 그러고는 이렇게 단속을 했다.

"만일 이 얘기가 조금이라도 새면 정보부장 취소야."

이후락은 청와대를 나온 즉시 동경으로 떠났다. 그 얘기를 듣고는 박 대통령이 그렇게 말한 것이다. 정보부장이 그렇게도 하고 싶었나 보다고.

이후락 대사가 일본에서 왔다는 소식을 듣고, 당시『중앙일보』김동익 정치부장과 『서울신문』정치부장을 맡고 있던 나는 취재차 그의 집으로 갔다. 한데, 청와대에서 돌아온 그는 우리를 보는 둥 마는 둥 하고 부리나케 짐을 챙기는 게 아닌가. 우리가 물었다.

"대사님 또 어딜 가시나 봅니다?"

"아, 일본에 일이 좀 생겨서······."

"청와대에서 방금 들어오셨는데 대통령께서 무슨 급한 지시라도 하신 건가요?"

"······."

그러자 그는 대답 없이 흠칫 우리를 돌아보았다. 이상했다, 뭔가 있는 것 같았다.

내가 말했다.

"저하고 김 부장이 공항까지 동행하겠습니다."

그는 손사래까지 치며 거절하였다.

"아니요. 그럴 것 없어요. 바쁜 사람들이 뭐 하러……. 절대 그러지 마시오."

그 태도가 사뭇 완강했다.

아하, 뭔가 있긴 분명히 있구나!

그래서 우리는 그를 따라가지 않았다. 우린 우리대로 김포공항으로 갔다. 거기서 상대도 안 해주려는 그를 어렵사리 붙들고 내가 넘겨짚어 물었다.

"이 대사께서 지금 일본 갔다가 곧 들어오면 중임을 맡게 된다는 소리가 있던데 정말입니까?"

이후락 씨가 머리부터 흔들며 말하였다. 당황한 기색이 역력했다.

"외국 대사라는 자리는 임기가 있는 건데 그 도중에 올 수 있나요? 그래도 됩니까?"

더 이상했다. 대사는 정해진 임기가 없다. 윗사람의 의중에 따라 계속할 수도, 바뀔 수도 있는 게 대사라는 직책이다. 더 파고들어 물으려 했지만 아쉽게도 그는 금세 자리를 피하고 말았다.

나중에 그가 정보부장에 취임하고 다시 만났을 때 나는 그 공항에서의 얘기를 꺼내었다.

"그때 그 대사 임기라는 게, 급해서 둘러댄 얘기 아닙니까?"

그는 멋쩍게 시인했다.

갑자기 허를 찔리니까 '천하의 이후락'도 허둥댄 것이다. 곧 나는 새도 떨어뜨릴 사람을 잠시 떨어뜨린 격이라고 하면 과장된 비유일까.

이후락 씨, 정보부장이 하고 싶긴 되게 하고 싶었던 모양이다.

06.

**커티삭 술잔에 담아 건넨 쓴소리,
"각하는 이제 멀게 느껴집니다."**

1969년 한 해 동안은 내가 미국 컬럼비아 대학^{Columbia University} 신문대학원에서 인터내셔널 리포팅 과정 공부를 했었다. 말이 공부지, 주로 많이 보고 많이 들으며 견문을 넓히는 데 주력을 했지만 아무튼 유학은 유학이었다. 'AIRD 어드밴스' 프로그램을 통해 갔는데, 그때 『서울신문』 장태화 사장이 언론계에서는 드문 유학생 선발위원이었다.

그는 내게 미국 유학을 제안하며 이런 조건을 달았다.

"김 기자, 이 다음 언제고 나 한 번 도와줘. 꼭 도와주는 거야?"

워낙 지나가는 말처럼 해서 나는 가볍게 생각하고 끄덕였으나 그는 진지한 마음을 품고 있었던가 보다. 유학에서 돌아오자 그가 이제야말로 '나 좀 도와줄 때'라는 것이었다.

"내가 『서울신문』을 크게 일으켜보려고 하니까 와서 나 좀 도와줘. 김 기자 유학생활 잘 했지?"

그렇게 나오니 안 갈 수가 없었다. 나는 정치부장의 책임을 맡고 『중앙일보』에서 『서울신문』의 일원으로 옮겨갔다.

그 시기 우리 국군이 월남에 파병되어 있었으므로 청와대에서는 각 신문사 정치부장들을 그 현장에 보내 둘러보게 했다. 가는 길에 인도네시아를 먼저 들렀는데, 그때 국내 소식이 날아왔다. 신민당 전당대회에서 김대중 씨가 대통령 후보로 선출 되었다는 것이다.

당시로서는 해외여행이란 건 그 자체로 '가문의 영광'이라고 할 만큼 귀하고 드문 일이었다. 그러나 격동하는 국내 정치는 그 모처럼의 가문의 영광을 마음 편하게 누릴 수 없게 했다. 나와 『동아일보』 최영철, 『중앙일보』 김동익, 『조선일보』 김용태 부장, 이렇게 넷은 여행 도중 돌아와 취재 지휘에 들어갔다. 다른 이들은 월남과 방콕, 마닐라를 거쳐 그 열흘 후쯤에 귀국했다.

본대가 돌아오자 정치부장단 모두는 청와대로 박정희 대통령을 찾았다. 선물도 준비했다. 본대가 인도네시아에서 사온 단도였다.

대통령은 기분이 좋아보였다. 술은 커티삭$^{Cutty\ Sark}$이 나왔다. 박정희 대통령의 술, 하면 지금은 누구나 자연스레 시바스 리갈$^{Chivas\ Regal}$을 떠올리지만 그땐 커티삭이었다. 1966년 미국의 존슨 대통령이 방한했을 때 그가 만찬 의전주로 찾은 이래, 커티삭은 소위 우리나라의 '있는 사람들' 사이에서 대유행을 했던 술이다.

그 술자리에서 나는 대통령과 한 사람 살짝 비낀, 거의 정면에 앉아 있었다. 정치부장들은 듣는 당사자 귀 부드러운 소리들만 계속했다. 그 좋다는 커티삭 맛이 나질 않았다.

내가 한 마디 했다.

"제가 예전부터 청와대 출입하던 기잔데 그때 뵙던 대통령 모습이 지금보다 더 좋았습니다."

좌중이 조용해졌다. 대통령이 물었다.

"지금은 어떤데?"

"옛날엔 최고회의 의장 지내고 선거할 때 표 얻으려고 검손하게 다니시고 여기저기 물가도 물어보고 그랬는데 지금은 지방 내려가면 도지사 관사에서나 주무시고, 높은 사람 행세나 하지 않습니까. 그래서 그 시절엔 우리 시골에 계신 삼촌같이 좋아하고 존경했지만 지금 각하는 멀게 느껴집니다."

거의 정면에서 가만히 듣고 있던 대통령이 끄덕끄덕 하고는 말했다.

"김 부장 말이 맞다, 맞는데……. 삼촌은 너무 멀고 형님, 해라."

그러자 그때까지 조용히 있던 각사의 동료 정치부장들이 "형님 해라, 형님 해라." 하며 분위기를 돋웠다. 사실 박 대통령은 내가 호형하기엔 나이가 많았다. 그래서 좀 망설였지만 어쩌겠나, 형님, 하라는데.

나는 술병을 들어 권하며 말하였다.

"형님, 술 한 잔 하이소."

대통령이 술을 받으며 말했다.

"아, 그래. 내 니 잔 한 잔 먹지."

그렇게 박정희 대통령은 내 형님이 되었다. 하지만 그것으로 끝이다. 그 이후 그는 아우를 전혀 보살피지 않았다. 다만, 좀 관심을 갖고 지켜본 것 같긴 하다. 아우도 형님 덕 볼 생각은 없었다.

07.

도둑맞은
특종

국회의원 선거 때가 되면 정치부 기자들이 가장 촉각을 곤두세우는 일이 각 당의 공천 현황이다. 어느 당의 누가 어느 지역에 공천을 받느냐를 빨리 알아내는 건 그 자체가 중요한 기사거리이기도 하고, 그렇게 해야 그 이후 취재도 쉽게 풀린다. 그러나 그건 쉽지가 않다. 인사 관계 일이라 어느 당이나 발표 전까진 비밀에 붙인다.

집권 여당의 후보들은 더 신경이 쓰일 수밖에 없다.

내가 『서울신문』 정치부를 맡고 있던 8대 국회의원 선거 때도 마찬가지였다. 기사는 흔히 발로 쓰라지만 아무리 발이 부르트도록 뛰어다녀도 안 되는 건 어쩔 수 없었다. 그렇다고 손 놓고 있을 수도 없고…….

고민에 빠져 있던 중 문득 이게 아니지, 싶어졌다. 나는 후배 기자들을 불러 모았다.

"자, 우리 이럴 게 아니라 머리를 한 번 써봅시다. 지금부터 당신들 각자가 박정희 대통령이라 생각하고, 그렇다면 나는 어느 지역에 누구를 내보낼 것인가 골라보자고."

나와 정치부 후배들은 전국 각 지역구마다에서 서너 명씩 뛰고 있는 예비후보들을 다 꿰고 있었다. 명색이 정치부 기자라면 그 정도는 된다. 서울 종로구는 누구누구고 중구는 누구, 강원도 춘천은 누구, 대구 갑구는 아무 아무개……. 우리는 그렇게 각자가 대통령이 되어 추리고 골라 총 100명의 공화당 후보를 주욱 명단에 올렸다.

그 가상명단, 그걸 어찌할까, 하고 있는데 마침 한국일보 뒤 '장미'라는 식당에서 공화당 수뇌들이 점심을 먹는다는 소리가 들려왔다. 잘 됐다. 나는 후배 기자에게 명단을 주며 지시했다.

"우린 거기 취재를 하러 갈 게 아니라 그 사람들한테 이걸 보여줘라. 이게 맞나 틀리나만 물어보고 와."

그때 아마도 공화당 당의장 백남억 씨였을 것이다. 그가 그 명단을 들고 청와대로 갔다. 그리고 박 대통령에게 이렇게 말했다고 한다.

"『서울신문』 정치부에서 이런 명단을 가지고 왔는데 각하 채점 한 번 해보시죠."

"그래? 그거 재미있겠구먼."

명단을 쓱 훑어보던 대통령이 말했다.

"어지간히 맞네. 몇 군데가 틀리는구먼. 근데 이거…… 이렇게 맞출 수가 있나."

그러면서 틀린 몇몇 곳을 체크했다고 한다.

문제는 다음날이었다.

대통령이나 공화당 지도부에서 내심 아차, 이거 샜구나, 싶었던가 보다. 공화당에서 앞당겨 발표 준비를 하고 있다는 것이었다. 큰 틀에서의 정보는 이미 흘러나오고 있었다. 우리는 기왕 준비한 것이 있어 입수한 정보를 토대로 수정하고 나니 완벽한 기사가 되었다. 거기에다 우리는 낙천한 예비 후보들에 대한 정보까지 다 실어놓고 있었다. 신문은 이미 일명 '게라(교정쇄)' 상태로 들어가 있었다. 그대로만 가면 『서울신문』이 특종을 따는 것이었다.

한데 그 특종 게라를, 누군가 전화로 MBC에 흘린 것이다.

이럴 수가. 우리 회사 특종을 다른 회사에 넘기다니. 야, 그놈 참

나쁜 놈이네…….

　나는 그가 누구인지 짐작은 챘지만 꾹 눌러 참고 추궁하진 않았다. 정보는 이미 넘어갔고 사내에서 그를 죽일 놈 만들고 싶진 않았다. 또한 확정적인 물증도 없질 않나.

　우선 급한 건 최대한 빨리 신문이 나오는 거였다. 인쇄를 독려했다. 그러나 매체 특성상 어쩔 수가 없었다. 석간신문은 제 아무리 빨라야 오후 1시나 2시에 가판이 나온다. MBC는 낮 12시에 그 보도를 내보냈다. 당시 그 시간엔 텔레비전 방송이 나오지 않았지만 뉴스 특보로 띄웠다.

　분하고 아까웠다. 기자 생활 하다보면 특종을 놓치기도 하고 그 공로를 좀 애매하게 나눌 때도 있지만 그렇듯 송두리째 도둑맞는다는 건 상상도 못 해봤다.

　그 후 얼마 안 있어 내가 MBC 보도국장으로 갔으니 이제 할 말 없게 된 면도 있지만…….

내 인생의 특종 ― 유학과 결혼

四

01.
만감 교차, 미국 가는 길

앞에서도 잠깐 언급했지만 1969년 한 해 동안 나는 'AIRP 어드밴스' 프로그램을 통해 미국 컬럼비아 대학교 신문대학원에 적을 두고 유학을 했다. 전공은 '인터내셔널 리포팅'.

당시는 하버드Harvard University로 가는 리먼 펠로십Liman Fellowship과 컬럼비아 대학으로 가는 AIRP 어드밴스, 이 두 가지 프로그램을 통해 전체 기자들 중 1년에 2명씩 유학의 길이 열려있었다. 『동아일보』 권오기 기자가 하버드를 먼저 점찍었고 나는 그와 겹치지 않으려고 컬럼비아 대학교를 지원했다. 한데 그 해에는 예전과 달리 4명의 기자가 유학을 갈 수 있었다.

　기존의 저 두 가지 유학 프로그램을 운영했던 미국의 '아시아 파운데이션'이 그 다음 해부터 인도와 인도네시아로 무게 중심을 옮겨갈 예정이었고, 이에 우리나라의 성곡재단이 그 유학 프로그램을 이어받게 되었다. 성곡재단은 동양통신과 『연합신문』의 사주인 김성곤 씨가 운영했는데, 이어받은 김에 바로 그 해부터 유학생 둘을 보내기로 한 것이었다. 그러나 하버드에서는 추가로 한 사람을 더 받는 걸 거절해 컬럼비아 대학교로 기존 선발 인원인 나 이외에 두 명이 더 가게 되었다. 나와 같은 전공인 인터내셔널 리포팅 부문에 『동아일보』 최영철 차장, 과학부문에 『한국일보』 외신부장 조순환 기자가 그들이다. 이때 나는 『중앙일보』 소속이었다.

　최영철과 나는 동경에서 합류해 함께 갔는데 하와이에서 입국 심사를 받았다. 이때만 해도 우리나라 참 후진국 취급을 받았다. 미국에 장기 체류할 예정인 입국자들은 미리 자기 나라에서 가슴 엑스레이 사진을 찍어 지참했다가 입국대에서 그걸 제출하면 하와이 공항 사정관이 사진 검사를 한다. 그가 '이 사람 이상 없음, 병 없음'이라는 'O.K' 사인을 내야 미국에 발을 들여놓을 수 있었던 것이다.

한데 모든 나라 사람들이 미국 들어갈 때 그랬느냐 하면 그렇지가 않았다. 그랬으면 기분은 좀 나빴어도 울컥, 하는 느낌은 없었을 것이다. 일본은 예외였다. 일본 사람은 가슴 엑스레이 사진을 가져가서 보여줄 필요 없이 그냥 '통과'였다. 아시아에선 유일하게 일본만 그런 선진국 대우를 받았다. 우린 후진국 국민이라 후진국 병이라는 결핵 검사를 했던 모양인데, 거 참 모멸스럽고 씁쓸한 일이 아닐 수 없었다. 새로운 세계와 생활에 대한 설렘이 반감되어버리는 느낌이었다.

미국 본토에 내리자마자 최영철이 지독한 독감에 걸려 고생고생했던 기억도 난다. 말도 안 통하고 완벽히 낯선 곳에서 친구가 아프니까 어찌해야 할지, 그것도 몹시 안타깝고 당황스러운 일이었다. 나름 새로운 생활에 대한 기대와 설렘에 가득 찼던 유학생활은 그렇게, 좀 거창하게 말해서 국가적 모멸감과 어리바리한 안타까움으로 만감이 교차한 속에서 그 첫발을 떼었다.

"놀자!" 하고서도
명강의만 찾아들은 사연

생전 처음 열등생이 되어

컬럼비아 대학교에 함께 들어간 우리 셋 중 조순환 기자는 학구파였다. 그와 달리 최영철과 나는 '1년 동안 공부 하면 얼마나 하겠나. 세계 최강대국, 선진국에 왔으니 많이 보고 듣고, 견문을 넓히며 놀자!'로 의기투합하였다. 하버드 대학교에 가 있는 권오기 기자에게도 자주 놀러갔고 『한국일보』 워싱턴 특파원으로 나와 있던 조세형 기자, AP 지국장하다 그때 『동아일보』 특파원으로 나와 있던 진철수 기자도 만나 미국 생활에 대한 조언도 들었다.

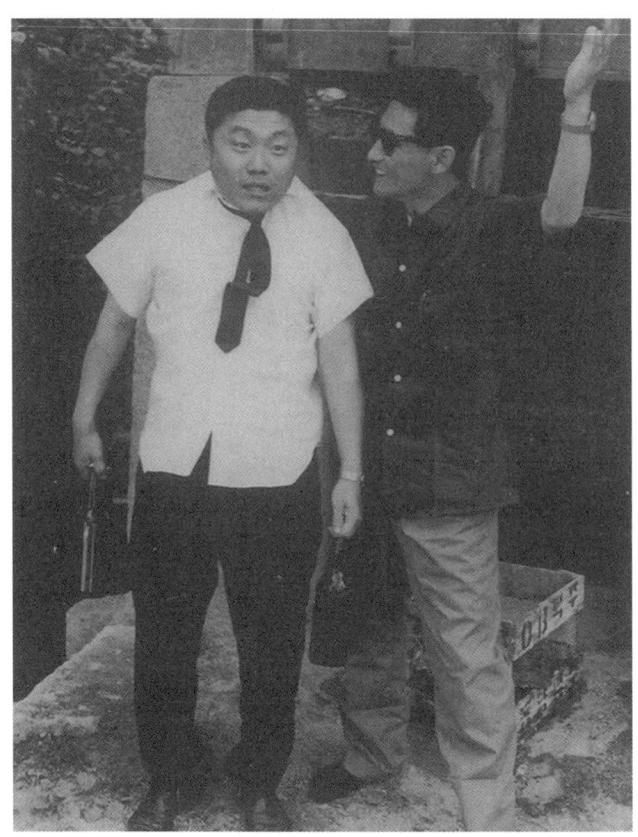

최영철과 함께
『동아일보』 최영철 차장과 나는 미국에 가 '놀재!'로 의기투합하였다.

내가 컬럼비아 대학교 캠퍼스에서 처음 맞닥뜨린 건 학생 시위대였다. 1968년은 미국과 서구 여러 나라에서 학생운동이 양적으로나 이슈, 혹은 사상적인 면에서 정점에 이른 시기였으므로 69년에도 그 열기가 식지 않은 듯했다.

당시 컬럼비아 대학교 캠퍼스는 SDP(Social Democratic Party—사회 노동당)가 점거하고 있었다. 이들은 월맹의 인공기를 들고 매일 닉슨Richard Nixon 물러나라는 주장을 펼쳤다. 또한 흑인 인권운동 지도자 마틴 루터 킹Martin Luther King 목사가 암살을 당한 것도 그 바로 전 해, 1968년도였으므로 그를 기리는 히피 청년들과 흑인들의 시위도 거의 상시적으로 볼 수 있었다.

한데 우리나라 시위대와 다른 점이 있었다. 우린 시국사건이든 회사 내부 분규든, 학내 문제든 시위대의 표정이 대개 목숨을 내놓은 듯 진지하지 않은가. 예나 지금이나 그렇다. 그 시위대를 막는 경찰들도 비장하고 삼엄하다. 내가 보았던 당시 미국 시위대는 로큰롤과 히피문화가 섞여 있었고, 그래서 그런지 한 마디로 시위가 아니라 놀이 같았다. 구호를 외쳐도 진지하지 않았고 농담조였다. 그걸 말리는 경찰도 심각하지 않은 건 마찬가지였다. 시위를 하는 축이나 말리는 축이나 다들 장난을 하고 있는 듯 보인 건, 목숨을 걸고 총탄

미국 유학 당시
토론 지목을 덜 당한다(?)는 이유로 로저 힐스만, 독 버넷 등 유명 교수의 명강의만 찾아다녔다.

속을 누볐던 4·19 군중에 대한 내 개인적 기억 때문이었을까……. 아무튼 그들의 시위는 격렬하지 않았고, 학내에서 시위를 해도 수업에 지장을 주진 않았다.

   수업은 대개 강의가 3분의 1이면 나머지 시간은 토론으로 채워졌다. 영어가 딸리다 보니 토론 시간만 되면 위축이 되었다. 교수와 눈이 마주치면 황급히 눈길을 내려 무언가를 열심히 필기하는 시늉을 내곤 했다. 그러다 딱, 나를 지목하면 한 마디로 정신이 없어졌다. 질문 내용이 뭔지도 모르겠고 알았다 해도 어떻게 말을 해야 할지

막막했다. 그래도 어찌어찌 '위기'를 넘겨내곤 했지만, 그건 토론이 아니지 않은가. 아무튼 수업 시간에 그런 열등생이 되어 보기는 내 평생 처음이었다.

최영철과 나는 머리를 짜냈다. 꼭 필요한 전공 수업 외에는 로저 힐스만^{Roger Hillsman}, 독 버넷^{Dock Burnett} 등, 그 대학에서 가장 유명한 교수의 강의만 찾아 듣기로 한 것이다. 그들 유명 교수의 명강의에는 수강생이 많이 모이니까 아무래도 토론자로 지목될 확률이 적어지지 않나. 마음 편히 강의 좀 들어보자고!

그러나 전공 수업에선 그런 꼼수가 통하지 않았다. 인터내셔널 리포팅 클래스는 나와 최영철, 그리고 영국인 1명, 미국인 8명, 이렇게 모두 11명의 학생으로 구성되어 있었다. 그 11명이 일주일에 한 번씩 미국 유수의 신문사 편집국장이나 사주를 초빙해 함께 토론을 하는 것이다. 그 수업에서 두각을 나타내 능력을 인정받으면 바로 토론 진행자가 있는 신문사로 스카우트되기도 한다. 우리에겐 그런 동기부여가 없었지만 다른 수강생들은 그래서 특히 그 수업에 눈에 불을 켜고 임했다. 하긴 내가 그들과 같은 입장이었으면, 나 역시 열심히 했을 것이다.

과학 석학 김완희 박사와 대통령의 친서

이 당시 컬럼비아 대학교에는 세계적인 한국인 과학자가 연구원으로 있어서 만나보았다. 김완희 박사가 바로 그다. 뉴욕이란 도시, 아니 미국이란 나라 전체에서 한국인 찾아보기도 쉽지 않은 판에 유명한 과학 석학이 한국인이라니 믿어지지 않았다. 그만큼 반갑고 기분 좋은 일이었다. 뉴욕 대학New York University에도 김경원 박사라는 석학이 있어 그 역시 만나보았다. 그는 후에 대통령 비서실장도 역임했다.

김완희 박사는 박 대통령의 친서를 받고 귀국하여 우리나라 전자공업 진흥회 회장직을 맡는다. 그는 과학 분야 수석비서관과 관계자들이 배석한 자리에서 대통령에게 과학기술적 이해와 안목이 있어야 전자공업을 제대로 육성할 수 있다고 역설했다고 한다.

박정희 대통령은 과학자들을 각별히 우대하였다. 김완희 박사에게 보낸 친서만 봐도 평소의 그답지 않다고 할 정도로 극진한 예를 보였다.

> 친애하는 김완희 박사에게
> 귀한(貴翰) 감사합니다. 하와이 방문에서 많은 교포들이 따

뜻하게 환영해주어 깊은 감명을 받았습니다. 덕택으로 여행을 무사히 마쳤습니다. 7월경에 귀국하신다니 또다시 상봉의 기(機)를 고대하면서 귀 가정에 만복이 깃들기를 축원합니다.

4월 27일 박정희 배(拜)

그 두어 해 전 1966년 무렵 한국과학기술연구원^{KIST}의 연구원들 봉급이 너무 많다는 여론이 빗발친 적이 있었다. 그럴 만도 했다. 그들의 봉급은 국립대학 교수의 3배 가까이나 되었던 것이다. 이에 박 대통령은 연구원장을 불러 연구원들의 봉급표를 가져오게 하였다. 그걸 쓱 훑어본 박 대통령은 종이를 내려놓으며 이렇게 말하였다.

"흐음, 과연 나보다도 봉급이 센 사람이 수두룩하네. 이대로 지급해."

김완희 박사와 함께 전자공업을 일으키려던 박 대통령의 시도가 이때 원자력 개발을 하려 했다는 오해를 부르기도 했는데…… 그즈음 언제부터인가 늘 '자주국방'을 입에 올리던 박 대통령이고 보면, 그것이 과연 오해이기만 했는지는 장담할 수 없는 일 아닐까.

03.

1969, 미국의 스산한 풍경

AIRP 프로그램에는 수업의 일환으로 11명 클래스 전부가 서독을 3주간 여행하는 과정이 있었다. 한데 최영철과 나는 갈 수가 없었다. 서독에서 코리안은 '논 그라타(Non Grata 코리안은 오지 마라, 안 받는 대!)'라는 것이었다.

당연히 기분이 나빴지만 사실 뭐라 항의할 수도 없었다. 그들이 한국인에 대해 입국 거절하는 이유가 일리 있어 보였기 때문이다. 그 무렵 우리나라 중앙정보부에서 유럽에 사는 지도급 교포들을 고국으로 유인하여 억류한 일이 다수 있었다. 거의 김형욱 정보부장 시절의 일들인데 동백림(동베를린) 사건에 연루되어 옥고까지 치른 이응노 화백이 대표적인 경우다. 내 친구도 프랑스에서 별 이유도 없이 납치되어 왔었다. 독일의 한국인 입국 거절은 그런 데서 연유하고 있었으므로 항의하고 따지다간 창피만 더 당하고 자칫 나라 망신까지 시킬 수도 있어 보였다.

서독 여행을 포기할 수밖에 없던 나와 최영철에게 학교 측은 공연히 미안해 했다. 서독 대신 여행비를 댈 테니 어디든 여행을 하면 어떻겠냐는 제안을 했다.

옳거니!

우리는 상의 끝에 우선 보스턴에서 시작해 미국 남부를 돌아보기로 하였다. 버스도 타고 기차, 비행기도 탔다. 당시만 해도 흑백 차별이 그들의 일상생활 속에서는 온존해 있었다.

1955년 흑인 여자 재봉사 로자 파크스(Rosa Parks)가 버스에서 법과 관습에 따른 백인 전용석—버스 앞자리에 앉아 뒷자리로 옮겨 앉으라는 명령을 거부하다 체포된 이래, 꾸준한 항의와 차별 철폐 운동으로 '흑백 인종분리법은 위헌'이라는 판결까지 얻어냈지만, 1969년 내가 여행할 당시에도 실생활 속에서는 '분리'되어 있었던 것이다. 버스 뒤에 '블랙 온리(Black Only)' 석이 여전히 있었고 거긴 '온리'라는 그

말 그대로 흑인들만 탔다. 법 따로 생활 따로, 법보다 가까운 건 굳어진 관습인 모양이었다. 법을 바꾸기는 쉬워도 대중의 인식과 생활 관습을 바꾼다는 건, 꾸준한 개선 노력과 세월의 힘이 작용하지 않으면 어렵다는 걸 확인할 수 있었다.

미국은 동양인을 흑인과 별반 다르게 생각하지 않는다는 말을 들었는데, 웬일인지 최영철과 나는 화이트^{White}로 대우받아, 백인석(?)—앞자리에 탔다. 버스는 대개 텅텅 빈 상태였다. 뒷자리의 흑인 두엇 정도를 빼고 나면 백인석은 특히, 우리 둘 외에는 아무도 없는 경우가 대부분이었다. 어쩌다 버스에 타고 있는 백인들은 때 묻은 와이셔츠 깃 안쪽이 너덜너덜 해져 있었다. 경제적으로 최하층 백인들이었던 것이다. 당시 미국에선 조금만 여유가 있어도 자가용 승용차부터 마련하던 시기였으니.

뉴올리언스나 버밍햄 등에서 카페테리아에 들어가서 음식 값 셈을 치르고 주문한 음식이 나오면 그 음식 쟁반을 그 자리에 가만히 놓아두고 내 테이블로 와야 했다. 처음엔 음식 쟁반을 직접 들고 자리로 가려 했는데, 쟁반 선반 옆에 죽 늘어선 흑인들의 눈에서 간절하고도 사나운 빛이 내가 들고 있는 쟁반과 나를 감싸고 있는 게 아닌가. 어리둥절한 나는 주변을 둘러보고 비로소 감을 잡았다. 아하,

이게 아니로구나! 나는 쟁반을 애초 자리에 놓고 자리로 가 앉아 있었다. 줄 맨 앞에서 자기 차례를 기다리던 흑인이 내가 주문한 음식 쟁반을 들고 내게 왔다. 나는 그에게 팁을 주었다. 그런 것이었다. 그 흑인들은 그 팁으로 벌이를 삼고 있었던 것이다.

최영철과 나는 밥을 먹다 깜짝깜짝 두어 번씩 놀라기도 했다.

남부의 식당 어디에서나 밥을 먹다 보면 문득 주변 테이블이 온통 흑인들만으로 꽉 차 있는 듯싶어진다. 웬 흑인들이 이렇게 많지……, 하고 돌아보면 식사를 하며 대화를 나누고 있는 이들은 거의 다 백인들이었다. 그들이 사용하는 남부 사투리 억양이 내 의식 속에서는 '흑인 영어'로 자리 잡고 있었던 것이다. 즉, 남부 백인들이 쓰는 영어를 대다수 흑인들이 사용하게 되면서 어느덧 그 남부 영어는 '블랙 온리'의 말투로 인식되고 있었던 것이다. 우리 주변 식탁에 모두 흑인들이 앉아있는 줄로 무의식 중 생각하다가 고개를 들었을 때 전혀 다른 인종들이 눈에 들어오면 우선 시각적으로 놀라고, 남부 영어 억양과 그에 따른 인식의 오류에 대한 자각 때문에 한 번 더 놀라곤 하였다.

버밍햄은 앨라배마 주의 수도인 만큼, 큰 도시다. 거기 『버밍햄 타임스Birmingham Times』에 미리 연락을 하고 방문하자 그들은 우리를 자사의 논설회의에 초빙해주었다. 아마 컬럼비아 대학 신문 대학원생들이고, 그보다도 코리아에서 베테랑 기자들이었다니까 대우를 한 것 같다. 그들은 우리에게 논설 글보다 그 면에 함께 실린 만화를 봐달라고 했다. 우리는 고개를 갸웃하지 않을 수 없었다. 아니, 감정 안 좋은 논조의 소련을 사슴으로 묘사하다니. 아마도 만화가는 북극 지방의 순록쯤을 생각하고 북쪽의 소련을 그렇게 잡은 것 같은데……. 그들이 물었다.

"뭐, 이상한 거라도 있습니까?"

"예, 우리나라에선 소련을 동물에 비유할 땐 덩치 크고 사나운 곰으로 묘사하는데 아무래도 이 사슴은 아닌 것 같습니다."

"그런가요? 그럼 우리도 크고 사나운 곰으로 고쳐야겠군요."

그렇게 그들에게 한 수 보여주자 그들의 친절은 한층 융숭해졌다.

보스턴 인근 마을의 작은 신문, 『퀸시 타임스 Quincy Times』에서는 완전히 어린 학생들 취급을 받기도 했다. 미국의 제2대 대통령 존 퀸시 애덤스 John Quincy Adams의 고향 마을에 있는 신문이라 이름도 '퀸시'가 붙었던 모양이다. 그 신문사의 경찰기자가 자신이 어디 어디까지를 커버하는 기자라며 그 구역 지도까지 보여주며 으쓱으쓱하였다. 그러면서 취재와 신문 제작에 관한 건건들을 이건 이렇게 하고 저건 저렇게 한다며 일일이 설명해 주었다. 그의 말투에 자랑이 넘쳤다.
　장난하냐, 지금…….
　친구와 나는 마주 보며 그저 한 번, 씩 웃었다.

　그 전 해, 1968년 6월 5일 미국 대통령으로 가장 유력시되던 로버트 케네디Robert Kennedy가 암살된 곳이 로스앤젤레스의 앰배서더 호텔Ambassador Hotel이었다. 그래서인지 그 사건의 여파가 LA에 유독 오랫동안 남아있는 듯했다. 그때까지도 그의 죽음을 아쉬워하고 암살 사건의 의문점을 말하는 이들이 많았다. 간단히 말하자면 그에게 가장 치명적인 총상은 오른쪽 귀 뒤에서 발사된 총탄인데 암살범은 그의 앞에 있었다는 것이다. 총 13발의 총탄이 발사되었는데 저격범의 총에는 모두 8발이 장전될 수 있었고, 경호팀은 저격범에게 응사하지 않았다. 그럼 5발의 총탄은 어디서 날아온 것인가.
　집권층과 마피아 등에 보내는 의혹의 시선이 끊이지 않을 만했다. 암살 상황 자체도 그렇지만, 무엇보다 아쉬움을 자아낸 건 로버트 케네디가 서민들의 먹거리에 많은 신경을 쓰고 있었다는 점이다.
　그는 남부의 어려운 가정의 식량 사정을 다 조사했었다. 흑인 가정의 냉장고에는 평균 몇 파운드씩의 육류가 있다고, 다들 어느 정도

미국 유학 당시
미국 유학은 당시 최강국의 모습, 그들의 속내를 내가 객관적으로 볼 수 있도록 해 주었다.

먹고 살만하다는 일반적인 평가는 그의 조사에서 교묘한 거짓으로 밝혀졌다. 남부 각 가정마다 보유한 그 몇 파운드의 육류란 것, 그건 거의 다 동물 뼈였던 것이다. 그 뼈에 붙어 있는 고기가 얼마나 되나. 그러니 당시 남부 흑인들의 영양 상태와 형편이 어떠했는지 짐작해 볼 수가 있는 것이다. 1969년만 해도, 미국이 그런 지경이었다.

미국 유학은 당시 냉전체제의 한 축을 이루고 있던 최강 미국의

컬럼비아 대학교 유학 동기, AP 통신 제프 윌리엄스 기자와 함께 인연과 안목의 넓이를 확장시킨 유학이라는 인생의 특종.

모습, 그들의 속내를 내가 객관적으로 볼 수 있도록 해 주었다. 유학 시절 말기, 귀국 즈음해서 돌아보니 확실히 내 안목의 넓이, 인식의 근육이 더 확장되고 단단해져 있다는 걸 느낄 수 있었다.

특종은 대개 기자의 감과 노력, 그리고 운으로 잡는다. 특종을 잡고 나면 새로운 자신감과 의욕이 솟구친다. 그런 면에서 미국 유학은 내 인생의 특종이며 지적인 보너스라 할 수 있었다.

04.
대도(大盜)의 특종, 아내

『서울신문』 시절에 따낸 가장 큰 특종은 따로 있다. 그건 내 인생의 특종이다. 아내라는 이름의 특종.

흔히 나이 차가 아래로 많이 나는 여자와 결혼하는 남자를 그 친구들은 농담 삼아 '도둑놈'이라고들 한다. 그렇게 보면 나도 도둑이다. 도둑도 그냥 도둑이 아니라 아예 대도(大盜)급이다.

아내와 나는 강성원 의원이 책임을 맡고 있던 서울시당 기획실에서 처음 만났다. 당시 나는 『서울신문』에서 정치부장을 하고 있었으니 취재거리 뭐 없나 하고 그 사무실에 일이 없어도 자주 들르곤 했다. 거리도 아주 가까웠다. 『서울신문』은 지금 프레스센터 자리 뒤쪽에 있었고 서울시당 기획실은 무교동에 있었다.

한 번은, 어느 여름날엔가 갔더니 거기 못 보던 여대생 아가씨가 있었다. 강성원 의원이 형부인데, 그 형부 사무실에 여름방학 아르바이트하러 왔다고 했다. 나는 그저 그러려니, 참 예쁜 아가씨가 왔구나 싶었다. 사실 거기까지였다. 그 아가씨 나이가 좀 더 많았더라면 서른네 살 노총각이 한 번쯤 흑심도 품어보고 곁눈질도 할 법했지만 이제 갓 스물인 아가씨를 어찌하리. 마음속에서 절로 포기가 됐다.

그러던 중 서울 시내에서 하는 공화당 후보 연설회장에서 그녀를 만나게 되었다. 나는 정치부 기자였으니 그런 자리에 가는 게 일이었고, 그녀는 아무리 아르바이트라도 정치하는 형부 사무실에 나오고 있었으므로 그 연설장에서 자연스레 만났던 것이다.

반갑고 기뻤다. 저 여자는 아무래도 나랑은 아니다, 하고 있었지만 나도 모르게 끌리는 것까지 어쩔 수 있는 건 아니었다. 나는 그녀에게 제의했다.

"피곤하지 않으세요? 연설도 대충 끝났고 하니 어디 가서 시원한 거라도 한잔 하시지요."

그렇게 해서 그날 그녀와 나는 반도호텔 스카이라운지에 마주 앉게 되었다. 둘만의 시간은 처음이었다. 나는 칵테일을 시켰고 그녀는 토마토 주스를 마시며 우리는 평소 자기들이 몸담고 있는 물, 정치와 시국 얘기를 주고받았다. 하다 보니 이 아가씨, 공화당에서 힘 좀 쓰는 사람이 형부라서 그런지 어린 나이에도 여러 가지 정치 현안들에 대해서 해박하지 않은가. 시국관도 나와 비슷했다.

나는 반갑고 동시에 안타까웠다.

아깝다. 이 여자가 나와 나이만 좀 근접했어도…….

요즘에야 미혼에 서른넷이란 나이는 남자뿐 아니라 여자한테도 흔하지만, 그땐 다들 벌써 애들 몇은 낳고 살아야 정상으로 보던 그런 나이였다. 또 요즘은 나이 차 나는 결혼도 많이들 한다지만, 아무리 그래도 열네댓 살 나이 차이는 연예인들 결혼에서나 이따금 보는 것이지 일반인들에게선 찾아보기 어렵지 않은가. 그랬으니 그때 나의 지레포기는 당연한 것이었다.

포기하는 대신 이렇게 마음을 먹었다.

'나이 차만 나지 않는다면 나중에 꼭 이런 여자를 찾아 결혼해야겠다.'

그러던 차에 우리 어머니께서 회갑을 맞으셨다. 그 잔치 자리에서 손님들 맞으랴, 이것저것 신경 쓰고 다니랴, 분주하던 중에 나는 깜짝 놀라고 말았다.

그녀가 왔다.

축하한다는 메시지를 전하러 온 심부름이었지만 어쨌든 그녀가 내 어머니 회갑 잔치에 온 것이었다. 나는 설레고 기뻤지만 이렇다 하게 말도 몇 마디 변변히 못 하고 인사만 가볍게 나눈 다음 그냥 그녀를 보내고 말았다. 그러고 났더니 어찌나 후회가 되던지······.

아, 이런 바보······. 말도 좀 더 하고, 인사도 시키고 그렇게 어떻게 했어야지······. 한데 그런 내 눈치를 알아챈 사람이 있었다. 바로 『서울신문』의 직계 후배, 정치부 차장 정구호였다. 그가 어쩌지도 못하고 속앓이만 하고 있던 나의 구원자가 되어 주었다.

그가 제일 먼저 그녀에게 전한 말은 이것이었다.

"김영수 부장, 그 양반 아직 총각이에요, 총각."

총각임을 유독 강조했다.

그러곤 그가 중간에서 적극적으로 매파 노릇을 해주었다. 그가 자청해 수행해준 그 역할이 아니었다면 나는 지금 아내를 만나기는 커녕 영원한 노총각이 되어있을지도 모른다. 정구호는 나중에 KBS 사장을 역임했다. 좋은 인연을 맺어준 복을 받은 거다.

아내와 나는 신혼집으로 수유동에 있는 독채를 구했는데 말이 독

결혼식
열넷의 나이 차에도 불구하고 말이 통하고 나와
가치관이 닮은 예쁜 아내는 설렘과 기쁨을 주었다.

채주택이지 허허벌판에 서 있는 조그만 집이었다. 아내는 그때까지 평생 가난이라곤 모르고 자란 부잣집 딸인데 그런 그녀를 데려다 유배를 시킨 꼴 같아 마음이 아팠다. 게다가 그 집에 수시로 출몰하는 쥐들은 이게 아예 들쥐들이었다. 크고 사나웠고 극성맞았다.

나중에 아내는 내게 이런 불평도 하였다.

"내가 그땐 워낙 어리고 뭘 몰라서 당신하고 결혼한 거 같아요. 눈에 뭐가 씐 거지, 뭐. 당신 키도 별로 작아보지 않았고 돈이 없다는 게 뭔지도 몰랐으니, 에휴……."

"그래서, 후회해?"

아내와 크루즈 여행
아내라는, 사랑이라는 특종의 기쁨은 지금도 현재형이다.

"누가 그렇대요? 그냥 그땐 그랬다는 거지. 하긴 내가 지금만 같아도 다시 생각해봤을 텐데……."

그러나 나는 확신한다. 내 아내 같은 사람은 다시 생각해봤어도 나를 택했을 거다.

왜냐? 그건……, 젊은 사람들 같으면 스스럼없이 말할 텐데 이 나이에 그걸 내가 어떻게 '사랑'이라며 입에 담을 수 있단 말인가!

아무튼, 나는 나이 서른넷에 대도(大盜)가 되어 아내라는, 사랑이라는 특종을 그렇게 건져내었고 그 특종의 기쁨은 지금도 현재형이다.

五 MBC 보도국과 나, 아낌없는 상호 수혈輸血

01.

죄 : 바둑 잘 둠 &
벌 : 문화방송 보도국장 취임

『서울신문』 시절 말년엔 바둑만 두다 나왔다. 『서울신문』을 끝으로 내 신문사 생활을 접었으니 신문기자 이력의 대미를 바둑으로 장식한 셈이다. 한데 그 장식이 조악하고 옹졸한 것이었다. 더 적확하게 말을 하자면 '온종일 바둑'이라는 그 장식을 얹어준 신 아무개라는 『서울신문』 사장이 그러했다.

그는 장태화 사장 후임으로 『서울신문』에 왔다. 공화당과 청와대 대변인을 하다가 『서울신문』 사장으로 온 것인데 신문사 운영에는 전혀 뜻이 없어 보였다. 모든 사안을 그때그때의 기분에 따라 처리

하는 듯했고, 어떻게든 다시 정부로 들어가 한 자리 하고 싶은 눈치였다.

취임 직후 그는 무슨 의도에선지 정치부장인 나를 논설위원으로 보냈다. 그러곤 매일 비서를 시켜 자기 방으로 불렀다, 이렇게.

"김 위원 좀 오라 그래라."

그럼 종일 그와 붙어 있게 된다. 신문사 사장과 정치부장 출신의 논설위원이 종일 붙어 앉아 머리를 맞대고 있다……. 이러면 대개의 사람은 어찌 생각할까. 아마도 무슨 중대한 기사가 있나보다, 큰 기획거리가 있나보다, 그렇게 생각하고 호기심을 갖지 않을까.

한데 그게 아니었다. 그와 내가 그의 방에서 내내 하는 일은 바둑을 두는 것이었다. 물론 어쩌다는 그럴 수도 있다. 그러나 매일이 그러했다.

그렇다고 그와 내가 바둑 실력이 비슷한가 하면 그렇지도 않았다. 나는 조남철 국수가 주도하던 때의 한국기원에서 공인 1급을 받았으니 아마추어로서는 정상급이라고 자부할 만했다. 기자들과 문화 관련 종사자들이 모두 참여하는 바둑 대회, 〈문화인 바둑 대회〉에서 준우승을 하기도 했다.

그렇다고 해서 내가 기자들 중 제일 잘 둔 건 아니었다. 서병현이라고, 동아방송 기자였던 내 친구가 나보다 한층 윗길이긴 했다. 그러나 그는 그 공식 대회에서 나에게 지고 말았다. 실력은 사실 나보다 나은데 그리 된 게 억울했던지 그는 국회 기자실에서 나만 보면 한판 두자고 보챘다. 그럼 나는, 당연히, 안 두었다.

"공식 시합에서 이겼으면 됐지, 뭘 또 두나. 일도 바쁜데……."

이렇게 말하며 외면하면, 그는 더 약이 올라 두자고 하고. 우리는 바둑판을 사이에 둔 채 아웅다웅 실랑이를 벌이곤 했다. 바둑은 두든 안 두든 그렇게 재미있는 두뇌게임인 건데…….

신 아무개 사장은 뜻도 없는 『서울신문』에 온 김에 바둑 실력이나 왕창 늘이자고 작정을 했나 보았다. 그는 형편없는 실력이면서도 나와 꼭 맞두기를 고집했다. 너무 매번 이기는 것도 민망해서 한 판씩 져주려고 하면 제 스스로 가운데로 들어와 대마를 죽이며 자멸을 하는 데야 어쩌겠나. 그래서 져줄 수도 없었다. 그렇게 거듭 지고 나면 그는 바둑판을 확 밀치며 화를 내었다.

"나 당신하고 다시 안 둬!"

나는 기가 막혔다.

"나도 사장하고 다신 안 둡니다!"

그렇게 벌떡 일어나 나오다 보면 모멸감을 느끼기도 했지만 어느

결 얼굴에 웃음이 도는 것이었다.

'아, 이제 해방이구나.'

그러나 그게 아니었다. 해방은 요원했다. 한 3, 40분쯤 지나면 논설위원실로 비서가 전화를 걸어온다.

"김 위원 오시랍니다."

마지못해 다시 가면 그는 담배를 피워 물고 있다. 그러곤 이렇게 말한다.

"아깐 내가 좀 심했나? 그렇지. 우리 화해하는 의미에서 다시 한 판 둡시다."

아침에 출근하면 종일 그런 식이었다. 그리고 매일이 그런 식이었다. 발로 부르트도록 뛰어 취재를 하고 기사를 써대던 말단기자 생활보다 몸과 마음이 몇 배는 피곤했다. 하루 2갑 내지 2갑 반씩 피워대던 담배도 더 늘었다. 예전 중국의 등소평이 하루 5갑을 피웠다던데 이즈음 나도 그 못지않은 굴뚝이 되어 있었을 거다. 급기야 어느 새벽엔가는 코피가 터졌고 꽤나 오랫동안 멈추지 않아서 놀란 아내가 발을 동동 구른 적도 있었다.

도저히 안 되겠다.

나는 퇴사를 결심했다.

그런데 뭐랄까……, 울고 싶은데 뺨 때려준다던가. 그때 마침 내 뺨을 세차게 때려준 곳이 나타났다. MBC에서 영입 제안이 온 것이다. 그 제안은 당시 보도국장이던 박근숙 씨가 자기 후임으로 나를 추천해서 이루어진 일이었다.

마침 잘 됐다. 가자, 가!

나는 두 번 생각할 것도 없이 MBC로 자리를 옮겼다.

신문사 vs. 방송 보도국
― 양대 매체 비교

신문기자 하다가 방송국 보도국장으로 갔다고 하면 지금 대개의 사람들은 의아해 한다. 그게 그렇게 되나……? 하며 고개를 갸웃대곤 하는 것이다.

그렇다. 그땐 그렇게도 됐다.

이환의 당시 MBC 사장도 『경향신문』 정치부장 출신이었고, 명예직이었던 회장도 『조선일보』에서 편집국장과 논설위원을 지낸 최석채 씨였다. 게다가 방송전문 보도 인력이 별로 없었던 시절이기도 했다. 어쩌면 그 반대, 그러니까 그 시절에 방송국 기자가 신문사 부

MBC 사장이 된 이환의 당시 『경향신문』 기자와 함께
텔레비전의 연혁이 얼마 안 되던 당시에는 신문사로부터 인력 수혈이 이루어지기도 했다.

장으로 온다고 하면 뭔가 대단히 어색한 잡음이 생겼을 것이다.

　신문은 일제 강점기부터 시작된 데 비해 방송은, 더욱이 텔레비전 방송은 그 연혁이 매우 짧았다. 1961년 초 KBS가 개국하면서 텔레비전 시대가 시작되었고 민간 상업방송이던 TBC는 1964년에, MBC는 1969년에야 세상에 처음 전파를 쏘아올렸던 것이다.

　그런 연유로 최석채 회장은, "신문사 사람이 신문에서 쌓은 경험을 방송에서 풀어놓으면 수혈 효과가 있다"며 이 사장과 함께 내게 영입제안을 했던 것일 게다. 신문사 동료들은 방송국으로 간다는 나를 좀 이상하게 보는 듯했고 내 MBC행을 말렸다. 어떤 친구는 아예 이렇게 따지듯 물어오기도 했다.

　"김 기자 너, 거기 왜 가나?"

　내가 대답했다.

　"너 보기 싫어서 간다."

　나는 국장 취임 전에 방송위원도 했다가 해설위원도 하며 방송보도국의 전반적인 업무 체계와 분위기를 익힐 수 있었다. 기술적, 시스템적인 면에서 적응기였던 셈이다.

　신문사는 아침에 출근하면 각 부서 부장들 통솔 하에 모든 게 돌아가는데 방송국은 아무래도 연예, 오락, 드라마 등 종합적인 운영을 하니까 더 조직적인 느낌이었다. 최고 경영진의 경영철학도 알게 모르게 배어들어 있었다. 물론 보도국을 간섭한다거나 하는 일은 없었지만 일상다반사에 걸쳐 경영철학을 침투시켰다.

문화방송에서만 그랬는지 몰라도 일주일에 한 번 회장, 사장, 각 국장, 부국장들이 모두 참석하고 각 부장들이 배석한 회의를 하였다. 거기서 큰 틀에서의 방송 방향성에 관한 이야기가 나왔다.

내 보기에 당시 보도국에는 아직 다 연마되지 않은 보석 같은 후배들이 많았다. 보도 멘트용 글은 짧게 쓰지만 마이크만 들이대면 어디서 그런 순발력이 나오는지 말이 척척 나왔다. 마이크에 적응이 된 탓도 있겠지만 그만큼 임기응변에 능하고 두뇌회전이 빨랐던 것이다. 그건 신문기자들이 도저히 따라갈 수 없는 방송기자들만의 미덕 같았다.

그러면서도 드세지가 않았다. 신문사에선 선후배 간 토론을 해도 상당히 격해지는 것이 다반사였는데 그에 비하면 이들은 정말 온순했다고 해야겠다. 보도국 간부들도 모두 국장 말을 성의껏 경청하고 흡수하고 잘 따라주었다. 나는 그간 언론계에서 나름 쌓아온 아이디어나 노하우를 제대로 풀어놓을 수 있었다. 또한 인원을 실무적으로 키우는 일도 소홀히 할 수 없었다.

신문사 정치부장들 모임이 있다는 소리를 듣고 나는 그 중 가까운 친구에게 청을 하였다.

"야, 우리 정치부장도 거기 좀 끼워줘라."

"방송국 사람이 여길 왜 와? 지가 여기서 무슨 말이나 할 수 있겠나."

내가 말했다.

"야, 꼭 무슨 할 말이 있어야 가냐? 그냥 늬들 밥 먹고 술 먹는데 젓가락 하나 더 얹는 셈 쳐라. 그럼 되잖아. 방송국 인원도 커야할 거 아니냐. 사람 하나 키워준다고 생각해라."

오늘날과 비교하면 참, 눈물 없인 볼 수 없는 광경이 아닌가.

당시 신문사는 정초 3일은 휴간인데 방송국은 그마저도 없이 말 그대로 연중 무휴였다. 설이나 추석엔 어디 가 밥 먹을 데도 없었다. 지금이야 MBC에 구내식당이 잘 되어있지만 그땐 그런 구내식당, 턱도 없었다. 그런 날은 기자들 모두 우리 집에 와서 식사를 해결하도록 했다. 당시 우리 집은 효창동에 있었으므로 지금의 『경향신문』 자리에 있던 MBC와는 가까운 거리였다. 아내는 고맙게도 정초부터 그렇게 손님들이 두서없이 와서 식사하는 걸 반겨 주었다.

MBC 보도국장 당시
사내 야구대회
방송국은 신문사보다 더 조직적인 느낌이었고, 보석 같은 후배들도 많았다. 국장 말을 성의껏 경청하고 흡수하고 잘 따라주는 후배들에게 절로 마음이 갔다.

우리 집에서 떡국 한 그릇씩 비우고, 혹은 명절 음식으로 배를 채우고 대부분은 다시 방송국으로 들어갔고 몇몇은 도심의 그네뛰기, 널뛰기, 윷놀이 등 명절 풍경을 취재하러 나갔다. 누구나 다 쉬는 민족의 명절이라는 날에 쉬지도 못하고 그렇게 뛰어나가던 후배들 뒷모습이 눈에 아련하다. 다시 돌아오지 않을 내 젊음 같다.

그들과 함께 맛집으로 소문난 회사 앞 볶음밥 집으로 간부, 견습할 것 없이 모두 우르르 몰려가 점심을 먹고서 "역시 볶음밥은 이 집이 최고."라며 서로 엄지를 치켜세운 채 머금던 웃음, 그리고 어느 날 갑자기 그 집이 문을 닫아 왜 그런가 했더니 가짜 참기름 단속에 걸렸다는 소식에 다들 우웩, 하며 토하는 시늉을 하던 모습들…….

MBC 보도국장 당시 기자 동료들 (최영철, 최서영, 이자헌)과 후배들을 키우기 위해 신문사 정치부장들 모임에 방송국 인원을 끼워달라는 부탁을 하기도 했다.

　그렇듯 좋은 후배들이 있었기에 나는 『동아일보』 시절 이래 MBC 에서 기자로서 제2의 전성기를 맞을 수 있었다. 스스로 돌아보건대 그렇다.

　내가 요즘 기자 사회를 유심히 지켜본 바, 방송국이건 신문사건 예전과 달리 선후배간 공경과 사랑이 많이 엷어지고, 기자들 특유의 의리와 협기도 퇴색된 듯하다. 선배는 후배들의 멸시의 대상이 된 지 오래다. 선배들은 후배를 진정으로, 때로 자기를 던져가며 품어 주는 것 같지 않다. 그러한 변모는 안타까운 정도를 넘어 매우 슬픈 일이다.

죽은 내 모습을 보다
―금연

MBC에서 있었던 굵직한 사건들을 풀어놓기 전에 나는 이 시기에 있었던 개인적인, 그러나 곰곰 생각해 보면 매우 중요한 얘기를 한 가지 하고 싶다.

『서울신문』 말기에 급격히 늘었던 흡연량 때문에 나는 목욕도 제대로 못 할 지경이 되어 있었다. 뜨거운 탕 속에 들어가 있다 보면 숨이 차오르고 기관지가 갑갑해왔다. 호흡기가 안 좋아서 군대도 안 간 주제에 그렇게 틈만 나면 담배를 물고 살았으니 몸에서 반란을 일으킬 만도 했다.

이러다 이거 내가 아무래도 담배 때문에 죽지 싶었다. 그즈음 골초로 소문나 있던 일본 수상이 기관지 관련 질병으로 유명을 달리했다는 기사를 접했다. 나도 이러면 안 되는데 하는 경각심이 들기도 했지만 그때뿐, 담배는 담배였다.

한데 그런 우려가 내 무의식으로 흘러간 것일까……

어느 날인가의 꿈은 지금도 잊을 수 없을 정도로 생생하다.

내가 죽은 것이다. 죽은 내 시신 옆에서 아내와 막내아들 세의가 울고 있지 않은가. 그런 모습을 내가 공중에서 내려다보고 있었는데 어찌나 안타까웠던지 달리 설명을 할 수 없다. 필설로 다 하지 못한다는 말은 이런 때 쓸 수 있을 것이다.

다음날 아침 나는 담배는 물론 라이터, 재떨이 등의 모든 흡연 도구를 버렸다. 그리고 담배를 끊었다.

나 일찍 죽는 것보다 어린 자식과 아직 앞날 창창한 젊은 아내를 슬픔에 빠뜨린 죄, 꿈에서도 끔찍했다. 꿈 깨고 난 생시에도 무슨 계시를 받은 양 잊히지 않았다.

그때 그처럼 단칼에 담배를 끊지 않았더라면 어찌 되었을까. 아마도 꿈과 똑같이 되지 않았을까. 지금 이 글도 쓰고 있지 못할 것임에 틀림없다.

요즘은 많이 달라졌지만 예전엔 신문사 편집국 책상마다에는 그 주인들이 사용하는 재떨이가 놓여 있었다. 기자들이 자리에 앉아 그냥 피우고 물고 원고를 쓰는 것이었다. 편집국 공기는 늘 옅은 안개가 낀 듯 부옜고 그 속에서 생활하는 인간들은 머리카락이나 옷에 담뱃진 내음이 배어 있었다.

『한겨레신문』과 원광대 보건학부에서 최근 10년간—2001년부터 2010년까지—직업별 평균 수명조사를 한 걸 보니 기자가 연예인, 체육인, 다음으로 낮은 순위였다. 작가나 가난한 예술인, 기업인보다 일찍 죽는 것으로 나왔다. 사회와 권력 주변의 갖가지 모습을 지켜보고 비리를 감시하는 역할은 그 자체가 스트레스로 작용한다. 거기다 늘 시간에 쫓기고 취재 경쟁에…… 이러다 보니 아마도 다른 직군보다 흡연자가 많고 그 흡연량도 많을 것이다. 또한 그것이 기자들의 수명을 단축하는 요인 중 하나일 게다.

새해부터 담뱃값이 대폭 오른다고 하니 아마도 연말부터는 담배 끊겠다고 하는 이들이 많아질 것인데……. 내 경험상, 담배는 단칼에 끊고 뒤도 돌아보면 안 된다. 그렇게 끊는 것이다. 나는 내 후배들이 건강하고 활기차게 살았으면 좋겠다.

금연은 MBC 보도국장 시절, 내가 했던 가장 중요한 일 중 하나

다. 그래서 짧고 매우 개인적인 내용이지만 따로 단락을 만들어 이야기하고 싶었다.

04.

판문점 미루나무 사건과 보안사 조사실

그 시절 국가적으로나 회사 차원에서나 몇 가지 큰 사건이 있었다. 그 중 판문점 미루나무 사건—일명 8·18 도끼만행 사건—과 육영수 여사 피격 사건이 대표적이다. 또, 당시 소련 령인 무르만스크에 KAL기가 불시착한 사건도 빼놓을 수 없다.

어느 언론사인들 그런 국가적 사건들을 크게 다루지 않았을까마는, MBC 보도국은 특히 사건에 깊이 휘말리면서 회사의 명운과 기자들 개개인의 신변 안전까지 위협받는 상황을 맞았다. 그 와중 육여사 피격 사건에서는 특종 중의 특종을 건져내는 보람도 있었지만 판문점 미루나무 사건 때는 정말 애 좀 탔다.

국가적 차원은 아니지만 사내 보도국이 발칵 뒤집어진 사건도 있었다. MBC 기자 2명이 동승한 경찰 경비행기가 김포공항 뒤편의 논에 곤두박질한 것이다. 조종사들이 죽고 기자들은 사경을 헤매어서 나를 포함한 동료들 모두의 간을 졸였다. 그 기자 중 한 명이 나중에 MBC 사장까지 역임한 엄기영이다.

방송국 보도국장은 여름휴가가 늦다. 제헌절 지나고 8·15 특집을 보고 나서야 안심하고 움직일 수가 있다.

1976년 여름도 광복절이 지난 다음에야 한숨 돌리고 가족과 함께 서해 몽산포 해수욕장에 갔더니 긴급 뉴스가 나오고 있었다. 8월 18일 판문점 공동경비구역 안에서 북한군이 미군 장교 2명을 살해한 일명 '판문점 미루나무 사건'이 터진 것이다.

사건 개요는 이렇다.

여름에 무성해진 미루나무 가지로 인해 전방관측에 어려움이 생기자 유엔군 측 장교와 경비병이 이날 오전 한국 노무단 작업인원을 인솔하여 UN군 측 제3초소 부근에서 가지치기 작업을 하고 있었다. 이때 10여 명의 북한군 장교와 경비병이 나타나 작업 중단을 요구하

8·18 도끼만행 사건
1976년 8월 18일, 판문점 공동 경비구역 내에서 미루나무 가지치기 작업을 하던 유엔사 경비병들을 북한군 수십 명이 도끼 및 흉기로 구타, 살해했다.

였다. 유엔군 측이 이를 거부하자 대기하고 있던 증원군 20여 명까지 데려온 북한 경비병들은 곡괭이와 작업현장에 있던 도끼를 들고 난동을 부렸다. 이 만행으로 유엔군 측 미군 대위와 중위가 살해되고, 한국군 대위 1명과 상병 3명이 중경상을 입었다. 또 차량 3대가 파손되고 유엔군 측 제3초소가 파괴되었다.

이게 무슨 일인가, 싶어 회사로 전화를 해보니 아주 난리가 나 있었다. 그것은 큰 사건이 터졌을 때 언론사가 북새통이 되는 그런 종류의 난리와는 차원이 다른 것이었다.

"아이구, 국장님 말도 마십시오. 지금 취재담당 부국장 이하 사회부장까지 몽땅 잡혀갔습니다."

"그게 무슨 말이야? 차근차근 말을 해봐. 잡혀가다니 어디로 잡혀갔다는 거야?"

"보안사요. 중정도 아니고 보안사 동빙고동이랍니다."

그땐 중앙정보부보다 더 무서운 곳이 보안사였다. 인원 구성만 해도 보안사는 전원 군인, 중정은 민간인 반, 군인 반 섞여 있는 조직이었다. 그러니까 보안사는 말 그대로 바늘로 찔러도 피 한 방울 안 나올 그런 곳이었다. 그리고 보안사 중에서도 가장 악명 높은 곳이 바로 동빙고동 분실이었다. 그런 데서 후배 직원들을 데려가다니, 나는 당장 짐을 싸 다시 서울로 올라왔다.

문제의 발단은 당시 국방부 출입기자실에 걸려있던 게시판이었다. 거기 누군가 장난을 친 건지, '미군도 응사해서 북한군 서너 명도 죽었다'는 내용의 글이 쓰여 있었다고 한다. 그걸 본 MBC 기자가 곧이곧대로 불렀고 뉴스 화면엔 자막이 이렇게 나갔다.

"판문점에서 교전"

북한군의 만행이 상호 교전으로 달라진 채 보도가 나가고 만 것이었다. 그랬으니 국방부 게시판의 그 출처를 알 수 없는 정보마저 우리로부터 나온 것이 되어 있었다.

당시 보안사령부는 중앙청 옆에 있었고 지부랄까 분실 격인 조사부대는 한강 잠수교 너머 제2터널 지난 부근에 있었다. 후배 직원들은 조사부대에 잡혀 있었지만 나는 먼저 사령부로 찾아갔다. 안면이 있던 부사령관이 천연덕스레 나를 맞았다.

"아, 김 국장이 웬일이요?"

"우리 부하 직원들이 여기 잡혀 와서 어찌된 일인가 싶어 왔습니다."

"그렇다고 자기 발로 여길 찾아오는 사람이 어디 있어. 거기다, 휴가 중이라며? 그럼 휴가 가야지."

군대는 일단 휴가를 가면 전쟁이 나기 전엔 하늘이 무너져도 업무 열외인 습성이 있어서 그런지 그는 다른 무엇보다 내가 휴가 도중에 온 게 황당하다는 기색이었다.

"김 국장, 웬만하면 여긴 나타나지 마. 나타나면 무조건 잡혀가는 거야."

"아니, 부하직원이 넷이나 잡혀왔는데 어떻게 안 옵니까."

"뭐, 안 왔으면 모를까, 기왕 보도국장이 왔으니 그럼 저 부대로 가보든지."

나는 그들의 지프차를 타고 한강변 조사부대로 갔다. 그곳에서 한 일은 종일 진술서를 쓰는 것이었다. 다 쓰고 나니 누군가 그걸 가져갔다가 두어 시간 후에 와서는 다시 쓰라고 했다. 다시 써도 달라질 것은 없었지만 그런 곳에서 또 쓰라니 쓰는 수밖에.

그들이 우리에게 걸었던 혐의는 이적행위였다.

북괴만행을 왜 상호교전으로 보도해서 상황을 다 망쳐놨느냐, 그건 이적행위다, MBC가 이적행위를 하게 된 경위가 뭐냐.

진술서를 쓸 때, 그리고 다 쓴 진술서를 들고나간 그들을 기다릴 때 사람을 패고 고문하는 소리가 들려왔다. 누구 비명인지 구분도 잘 안 갔는데 언뜻 우리 직원인 것 같진 않았다. 녹음한 소리를 트는 것 같기도 했지만, 아무튼 그 소리는 사람 겁주기엔 최고였다. 아, 나도 저렇게 될 수 있겠구나, 싶다가 자꾸 듣다보면 다음 차례가 꼭 나일 것 같은 공포가 밀려온다. 아, 나도 곧 저렇게 되겠구나, 저렇게 맞으면서 비명을 지르겠구나……. 내가 비참하게 고문당하고 있는 상상이 나도 모른 새 자꾸 드는 것이었다. 역시 사람의 공포심은 상상력에서 기인하는 게 반 이상이란 말이 맞는 듯했다.

그러나 겁먹지 않은 듯, 쫄아들지 않은 듯 보여야 했다. 나는 한 방송국의 보도를 총책임지고 있는 수장이 아닌가. 그런 체면의 문제도 있었지만 그보다도 그들에게 약하게 보이면 안 될 것 같았다. 의연하지 않으면 그들의 무시와 암암리에 가해오는 위협이 더 심해질 것이었다.

실제로 두들겨 맞진 않았지만 그렇게 스트레스 혈압을 올린 채, 이쯤은 아무것도 아닌 체하고 있는데 한밤중에 조사관이 들어와서 이제 나가도 좋다고 했다. 내가 말했다.

"우리 직원들과 함께 나가겠소."

순간 조사관의 눈썹이 꿈틀했다. 그는 '이거 웃기는 놈이네.' 하는 양으로 한동안 능글대며, 그러나 날카롭게 나를 쏘아보았다. 그러곤 한 마디 한 마디 씹듯 말하였다.

"아니, 당신만 나가라고."

"기다렸다가 후배들하고 함께 나가겠소."

"이거 왜 말이 많을까. 빨갱이들이 말이 많지. 좋게 말할 때 나가서 대기하고 있어."

그 말 속에는 분명 이런 뉘앙스가 배어 있었다.

'걱정하지 마. 너도 곧 잡아올 거니까 대기하고 있으라고.'

뜨끔하기도 했지만 오기도 꿈틀대었다.

그래 좋다, 나가서 대기하고 있으마. 마음대로 해봐!

나와서 회사로 갔더니 사장 이하 모든 간부가 퇴근을 미룬 채 기다리고 있었다. 우리는 상황을 어떻게 풀 것인가 밤샘 회의에 들어갔고……. 아무래도 보안사 간부들을 개별적으로 만나 보다 부드럽게 상황해명과 사과를 하는 게 좋겠다는 안으로 중지를 모았다. 사실 그 외엔 별 다른 방법도 없어 보였다.

사흘 후 후배 직원들이 풀려났다. 온갖 닦달을 당했을 텐데도 좀 초췌한 것 외에는 모두 밝은 모습이었다. 나는 비로소 안심하였다.

05.

MBC 단독 보도,
육영수 여사 피격 사건

1974년 국립극장에서 진행된 광복절 기념식 도중 희대의 사건이 발생했다. 북한에서 일본 조총련을 통해 보낸 문세광이 박정희 대통령을 저격한 것이다. 이때 다행히 박 대통령은 무사했으나 육영수 여사가 그 흉탄에 돌아가셨다. 그런데…… 지금까지도 대부분의 사람들은 인지하지 못하고 있지만, 나는 이때 몹시 안타까운 점 하나를 발견하였다. 그것은 육 여사가 그렇듯 돌아가시지 않을 수도 있었다는 정황이었다.

'바로 이거다', 유일한 저격 장면 테이프

당시 MBC는 각 지국의 소유주가 다 달랐다. 대구 MBC는 쌍용, 부산은 LG, 이런 식이었다. 그러나 보도국은 그 속성상 경영은 달리해도 서울 본사 중심으로 일체감이 있어야 했다.

그날은 MBC의 전국 보도책임자 회의가 포항에서 열리는 날이었다. 나는 서울에서 8·15 특집 방송을 다 검토한 후 가족들을 데리고 휴가 겸하여 포항으로 향하던 중에 대통령 저격사건 소식을 라디오 뉴스로 들었다. 버스에서 내리자마자 다시 올라가려는 나를 최석채 회장이 붙잡았다. 그는 보도책임자 회의에 축사를 하려고 내려와 있었다.

"김 국장, 부국장에게 맡겨 놓았으니까 국장은 회의 참석하지."

내가 말했다.

"아닙니다. 대통령이 저격을 당했는데 보도 책임자가 안 가면 어쩝니까. 이 길로 올라가겠습니다."

나는 그 길로 밤차를 타고 서울로 올라왔다. 아내도 아내지만 아빠 따라 놀러간다고 좋아라했던 아이들에게 미안했다. 하지만 어쩔 수 없는 일이었다. 그때까지 나는 육영수 여사가 병원에서 치료를 받고 있는 줄로만 알고 있었다.

당시 전국 주요행사 취재는 KBS, MBC, TBC 이렇게 3사가 차례를 정해 그 중 한 군데 카메라로만 녹화를 했고 그 영상은 3사로 동시 송출이 되는 시스템이었다. 그날은 KBS 카메라가 현장에 들어가 있었다.

편집국에 와보니 김용균 차장과 민병국이라고 평소에 편집을 아주 잘 하던 기사가 있었다. 용산고등학교 탁구 선수 출신인데 말수도 별로 없이 뛰어난 편집 기술을 발휘하던 친구였다.

김 차장이 들어서는 내게 말했다.

"청와대 경호실에서 필름 압수해 갔습니다. 타사도 마찬가집니다."

"도리 없군."

저격현장을 내보내긴커녕 보도국장인 나도 볼 수가 없는 것이었다. 내가 주변을 둘러보며 물었다.

"다른 사람들은…… 취재 나갔나?"

그러자 김 차장이 내게 다가오며 목소리를 낮춰 말하였다.

"저어, 국장님 그보다…… 압수 전에 제가 복사해놓은 테이프가 하나 있습니다."

순간 옳다! 싶었다. 복사본이든 뭐든 현재로선 이것이야말로 유일한 저격 장면 테이프 아닌가. 나는 일단 그 필름을 틀어 보았다.

길이가 대충 22초가량 되었다.

"좋아. 지금부터 자네는 이걸로 방송 내보낼 작품을 만들도록 해. 한 10분쯤으로 늘려."

"예? 아니 국장님 22초짜리로 그렇게나 길게요?"

"글쎄, 리피트고 슬로모션이고 온갖 솜씨를 다 발휘해서 만들어 봐. 경호실에서 압수해 간 걸 곧 돌려줄 거 아냐. 그럼 그걸 받자마자 틀게 해보라고. 타사에서 그걸로 작업하고 있을 때 우린 논스톱으로 그냥 내보내는 거지."

"경호실에서 만일 안 돌려주면……"

"그럼 그거야말로 완벽한 특종인 거고. 상황 풀리면 우리 외엔 아무도 못 내보낼 테니까."

22초 분량 내용을 10분으로 늘리는 건 사실 무리였다. 결국 7분 정도로 늘리는 데 성공했는데 그 속에는 아나운서의 '시청자들의 열화와 같은 요구 때문에 장면들을 다시 틀어드립니다.' 라는 생방송인 듯한 장면 멘트까지 삽입하는 기교를 부렸다.

경호실장이 용감은 했지만—육 여사 죽음의 빌미

편집을 할 때, 그리고 편집을 끝낸 후에도 나는 그 저격 장면을 수십 번도 더 보았다.

"나는 오늘 이 뜻깊은 자리를 빌어서 조국통일은 반드시 평화적인 방법으로 이루어져야 한다는 것을……"

박 대통령의 연설 도중 이쯤에서 "팍" 하는 소리가 들렸다. 문세광의 그 첫 발은 오발이었다. 이건 화면에 잡힌 건 아니지만 문은 허리춤에 갈무리 해두었던 권총을 꺼내다 공이치기를 건드려 제 허벅지에다 오발을 했다고 한다. 사람들은 그것이 총소리인지 인식하지 못하였다. 대통령의 연설도 계속되었다.

"다시 한 번 강조하면서, 우리가 그동안 시종……"

문세광은 통로로 나와 10여 미터를 달려들며 제2탄을 발사하였다. "탕!" 하는 격발음이 제대로 났다. 통로 쪽 자리엔 경찰관들이 앉아있었지만 아무도 그를 제지하지 않았다. 문의 저격 순간 단상에 있던 지도층 인사들은 모두 혼비백산해서 숨기에 급급했다. 곽 아무개 원로의원이 혼비백산해서 숨는 모습에, 양 아무개 당시 서울시장은 아예 토끼뜀으로 도망을 가고…….

저격 저지를 위해 유일하게 튀어나온 이는 박종규 경호실장이었다. 아무리 경호 책임자라 해도 엄폐물도 없는 상태에서 전면으로 튀어나온다는 건 여간한 용기가 없으면 할 수 없는 일일 것이다.

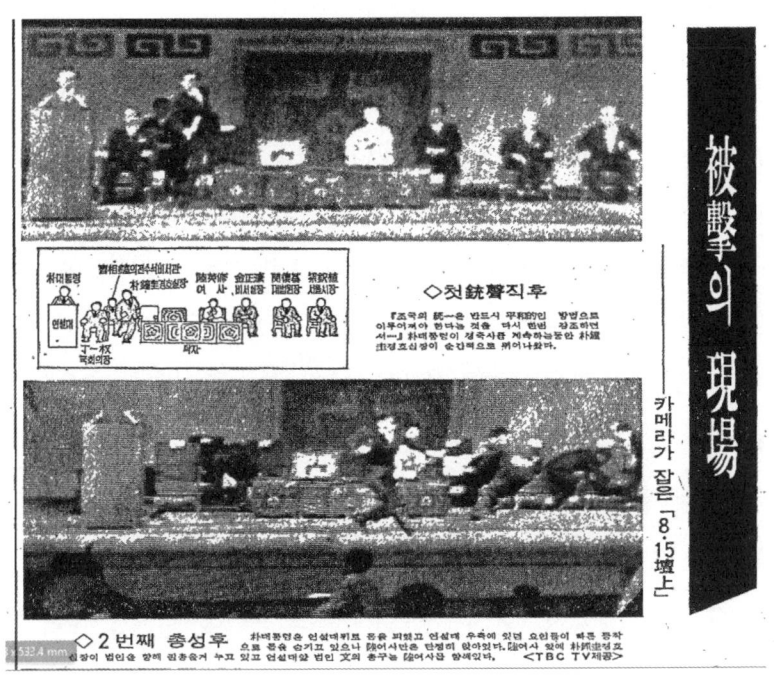

육영수 여사 피격 당시 『조선일보』 1면
녹화 장면을 수십 번 반복해 본 내 소감은 이것이었다. '박종규가 차라리 튀어나오지 않았으면, 다른 사람들처럼 숨었다면, 육 여사가 죽지 않았겠구나.'

나는 그의 용기를 지금도 높이 산다.

그런데…… 녹화 장면을 수십 번 반복해 본 내 소감은 이것이었다. 박종규가 차라리 튀어나오지 않았으면, 다른 사람들처럼 숨었다면, 육 여사가 죽지 않았겠구나. 그건 틀림이 없다.

사진에서 보듯 문세광이 저격했을 때 박 대통령은 연설대 밑으로 몸을 피했고 그때 경호실장이 뛰어나오던 그 방향 뒤편으로 육 여사가 앉아 있었다. 그리고 경호실장이 급히 나온 직후 육 여사 몸이 한쪽으로 기우는 것이다. 즉 대통령을 겨냥했던 문세광은 단상 옆에서 뭔가가 튀어나오니까 위협을 느끼고 순간 그쪽으로 총구를 돌려 격발을 한 것인데, 그 총탄이 경호실장이 나오던 방향 뒤편에 있던 육 여사에게 날아간 것이었다. 그렇지 않고는 문세광이 육 여사를 쏠 이유가 없었다.

나중에 녹화 테이프가 공개 되었을 때 이 사실을 인지하는 사람이 단 한 명도 없었다는 사실도 의아한 일이긴 하지만, 사실 한두 번 봐선 그걸 느끼기가 쉽지 않다.

녹화 동영상을 수십 번 반복해 보며 알게 된 사실 한 가지가 더 있었다. 이건 워낙 순간적인 장면들이고 화면이 흐릿하다 보니까 정말 주의 집중을 하고 반복해서 봐야 감지할 수 있는 것인데……, 문세광을 겨눈 박 실장의 손에서 뭔가 시키면 것이 두루룩, 흐르듯 떨어지는 것이었다. 나는 고개를 갸웃하며 그 장면을 보고 또 보았다. 그의 손에서 뭔가가 떨어져 내린 건 분명했다. 그때 그의 오른손에 있던 것이라면 권총 외에 무엇이겠는가.

나는 이렇게 정리했다.

박종규 실장이 목숨을 걸고 대응하며 나왔지만 그 역시 당황하고 놀란 상황이라 권총을 놓친 게 아닐까.

나중에 내 친구, 『부산일보』의 김종신 기자에게 이 말을 하자 그는 믿지 않았다.

"에이, 그럴 리가 있나. 그 상황에서 떨어뜨릴 게 따로 있지."

"그럼 이걸 한 번 봐라. 보고 얘기해봐."

그에게 박 실장 손에서 뭔가 흘러내리는 그 짧은 장면을 느린 화면으로 보여주자 친구 역시 고개를 갸웃하며 아무 말도 하지 못했다.

단상(壇上)에 인영(人影)이 불견(不見)

저격 사건 이틀 후에 청와대 경호실에서 녹화 테이프를 찾아가도 좋다는 연락을 보내왔다. 비록 사전에 저격 시도를 막지 못한 흠은 있었지만 혼자서 그 저격 상황에 맞선 부서 수장의 자랑스러운 모습이 있으니 달리 보도 통제를 할 이유가 없다고 판단했을 것이다.

경호실에서 연락이 온 시간은 오후 네다섯 시쯤, 타사에서는 부랴부랴 테이프를 찾아와서 편집에 들어갈 그 시간, 우리는 방송 시작과 동시에 저격 사건 녹화 장면을 단독으로 내보냈다. 특종 중의 특종이 아닐 수 없었다. MBC에서 틀고 또 틀며 내보내자 타사에서는 너무 늦어버려서 보도의 엄두도 못내는 상황이 되어버렸다.

방송이 나가자 박종규 실장은 영웅이 되었다. 다급하고 비굴하기까지 한 온갖 몸짓으로 숨기에 급급했던 다른 공직자들과 너무도 비교가 되었다. 단상엔 그 외에 저격에 대응한 이가 아무도 없었던 것이니.

조선일보 1면에 실린 선우휘 선생의 「단상에 인영이 불견」
"방금 태극기 밑에 의젓이 앉아있던 사람들은 어디로 사라졌단 말인가. (…) 도대체 서민이 우러러보는 그 높은 지위와 명예와 생활이 무엇 때문에 주어지고 있다고 생각하는가."

박종규 실장은 이 사건으로 말미암아 경호실장 자리를 차지철에게 물려주고 사임을 하게 되었지만, 자기 목숨을 건 그 경호행위 자체는 대단히 명예롭게 여겼을 것이다. 천만 뜻밖의 부작용으로 영부인이 목숨을 잃은 건 아마도 전혀 생각하지 못한 채.

일본 기자들도 취재를 위해 몰려들었다. 일본에서는 온갖 가지 소문과 억측이 떠돌았다. 청와대 경호실의 음모로 육 여사를 죽였네, 박정희 대통령이 중정과 짜고 육 여사를 죽였네…….

의혹을 품고 건너온 일본 기자들이 녹화 화면을 제대로 보기 위해 찾을 곳은 MBC밖에 없었다. 편집된 특종 방송 화면은 우리만 갖고 있었으니까. 그들은 저격 사건 당시 화면을 보여 달라 청했고 나는 보도국장으로서 그 화면을 틀어주며 앞에서 말한 박종규 경호실장의 출현 방향과 육 여사 피격의 연관성에 관한 설명을 여러 번 했다. 일본 기자들도 내 설명 후에는 고개를 끄덕이곤 했다.

방송을 보고난 선우휘 선생, 당시 작가 겸 『조선일보』 주필은 1면에 「단상에 인영이 불견」이란 제하의 칼럼으로 제 살 길 찾기에만 급급했던 이들을 질타했다. 단상에 사람 그림자(人影)도 안 보인다(不見)는 의미의 제목이다. 논설위원이 쓰는 사설은 대개 2면으로 가는데 이례적으로 1면에 크게 게재되었다. 몇몇 군데 내용을 발췌 인용

고(故) 육영수 여사와 함께
『서울신문』 논설위원 당시 육영수 여사를 인터뷰했다.

고(故) 육영수 여사와 함께
육 여사가 그렇듯 돌아가시지 않을 수도 있었다는 정황은 나를 몹시 안타깝게 했다.

해 본다. 독자들이 당시 분위기를 느끼는 데 도움이 될 것 같다.

一.

…… 총성이 울린다. 누군가가 일어선다. 날쌔게 내달으며 한 손으로 빼어든 권총을 다른 한 손에 넘기면서 단상 중앙 저 면에 다가가 서서쏴 자세가 된다. 또 다시 총성, 아! 경미하게 그 자세를 기울이는 육 여사, 크게 기우는 단상의 구도, 황급히 움직이는 단상의 인물들. (…) 경축사를 끝내고 떠나며 환호에 손을 흔들어 보이는 박 대통령. 걸어가다가 육 여사가 앉았던 자리에서 흰 고무신을 줍는 박 대통령.

二.

…… 단상 위에는 전혀 사람이 없다. 흡사 인영이 불견이다. 방금 태극기 밑에 의젓이 앉아 있던 사람들은 어디로 사라졌단 말인가. (…) 지극히 짧은 어느 시간 왜 단상에 앉아 있던 사람들이 그 자리를 비웠는가 하는 물음이다. 그 짧은 시간, 그러나 역사적으로 결정적인 그 시간에 그 사람들은 무엇을 하다가 돌아왔는가 하는 물음은 피할 수 없고 피해서 안 되는 국민적인 물음이다. (…) 신문사 주필이 그런 자리에서 그렇게 행동

했다면 그 한 사람의 창피와 망신으로 끝나는 것이지만 대통령을 보필하는 책임과, 대통령과 더불어 국사에 책임을 지는 사람들은 절대로 그것으로 끝나는 것이 아니다. (…) 도대체 서민이 우러러보는 그 높은 지위와 명예와 생활이 무엇 때문에 주어지고 있다고 생각하는가.

이 시론(時論)의 부제는 「죽을 각오 없이 국민의 삶을 다루는 자리에 앉지 말라」였다. 옳은 말이다.

"모두 숨어!"

그 방송을 내보내고 나서 보도국 총회와 사장, 회장도 모두 참석하는 임원 회의가 잇달아 열렸다. 그 자리에서 나는 각 부서장들과 임원들에게 거의 비슷한 당부를 했다.

"이제 방송이 나갔으니 단상에서 도망 추태를 벌인 소위 힘 있는 양반들이 방송 중단 요구를 어떻게 해올지 모릅니다. 자기들이 봐도 낯 뜨거운 광경일 테니까요. 중정에 끈이 있는 사람은 중정을 동원하려고 할 거고, 혹은 청와대 비서실 등의 힘을 업고 태클을 걸어올지도 모르는 일이지요. 그러니까 임원 여러분은 회사에 있지 마시고 집으로 들어가지도 마시기 바랍니다. 어디에서고 전화가 오면 밑에 사람을 시켜 받게 해서 요 앞에 저녁 먹으러 갔으니 금세 들어올 거라는 말만 전하게 하십시오. 퇴근했다고 하면 보도국이 비어 있는 줄 알고 쳐들어올 수도 있으니까요. 방송을 저지하려는 쪽에서 조금만 기다렸다 다시 전화해야지, 하도록 우리가 유도를 하는 겁니다. 그 사이 우리는 방송을 내보낼 만큼 내보내고요. 시청자들 볼 사람 다 봤다 싶으면 그제는 저들도 포기하지 않겠습니까. 그때까진 우리 모두가 그렇게 잠수를 타고 숨어 있는 겁니다."

이 시절 휴대전화가 없었으니 망정이지 요즘 같았으면 이런 잠수타기도 그리 녹록치 않았을 것이다. 위치 추적까지 다 하는 판이니까.

내 예상은 빗나가지 않았다. 연줄에 따라 각급 간부들에게 전화가 빗발쳤다. 내게는 청와대 정무수석으로 가 있던 유혁인이 연락을 해왔다. 방송을 저지할 필요가 있던 누군가가 청와대 김정렬 비서실장을 동원했고, 그가 내 친구 유혁인을 시켜 내게 연락을 취한 것이다. 나는 유 수석뿐 아니라 전화라고는 일체 받지 않았다. 유 수석은 내게 여섯 번이나 전화를 해왔다. 그 배후가 누군지는 몰라도, 하여간 엔간히도 급했던 모양이다.

상황이 어느 정도 진정되고 난 다음에 내가 유혁인 수석에게 전화를 했다.

"아, 난데 아까 전화했다면서?"

유 수석이 어처구니없다는 음색으로 대꾸했다.

"야, 이제부터 우리 친구하지 말자. 너 친구 아니다."

나는 짐짓 어리둥절한 체 하였다.

"유 수석, 너 갑자기 왜 그래?"

"하아, 너 진짜……. 이제부터 넌 진짜 내 친구 아니다. 알았어?"

예끼, 이 사람. 친구가 아니긴.

MBC 시절을 마감했을 때 박 대통령 특명으로 나 잡으러(?) 왔던 사람도 유혁인 수석이었다. 그리고 우린 지금까지도 친구다.

청와대 반응

방송이 나간 날 밤, 하루 동안 너무 많은 일이 있었기 때문일까, 잠이 쉽게 들지 않았다. 방송을 보고 청와대 박 대통령은 어찌 생각하고 있을까……. 그것은 향후 회사와 나의 운신에 큰 변수가 될 것이었다.

그 밤, 나는 사표를 쓰고 보도경위서를 작성하였다. 만일 무언가 잘못 돌아가더라도 회사가 져야 할 부담은 최소한도로 줄이는 게 보도 책임자로서의 도리였다. 다음날 나는 그 사표와 보도경위서를 이환의 사장께 제출하였다.

이 사장이 말했다.

"이게 뭐요?"

"청와대 반응에 따라 즉각 필요할 수도 있어서 작성해놓은 겁니다. 갖고 계세요."

"김 국장도 참……. 그렇잖아도 오늘 청와대에서 좀 들어오라고 합디다."

"만일 보도 방송에 대해서 뭐라 질책이 들어오면 그 사표를 내놓으세요. 이미 사표 받아놓았다, 하시면 좀 더 부드럽게 넘어갈 수도 있지 않겠습니까."

"아, 그 방송은 나도 책임이 있는데, 김 국장한테 이런 걸 받을 순 없지."

이 사장은 사표를 반려하였다. 내가 단호하게 말했다.

"아닙니다. 무조건 가져가세요. 대통령께서 보자고 하실 때는 틀림없이 뭔가 언짢은 소리를 하려는 게 아닙니까. 국정 책임자들의 추태를 여과 없이 보여주고 육 여사 사망 순간까지 국민들께 공개했으니 대통령 보시기에 유쾌하지 않을 수도 있습니다. 그럼 제 사표 외에 당장 우리가 취할 방도가 뭐 있습니까."

만일 청와대에서 안 좋은 상황을 만나면 내 사표로 사장의 낯이라도 세울 수 있어야 한다. 그게 내가 할 수 있는 최선의 대응책이었다.

저녁 때 청와대에서 돌아온 이 사장은 환한 표정으로 내게 사표를 도로 내주었다.

"우리 보도 경위를 나무라려고 부른 게 아니었어요. 방송 3사 사장들한테 육 여사 국민장 치르는 데 수고 많았다는 말씀을 합디다. 이 사표는 폐기하세요."

나는 사표를 받지 않았다.

"하여튼 이건 사장님께서 가지고 계십시오. 나중에 청와대 공기가 어떻게 바뀔지 모르는 거 아닙니까. 만일 그럴 경우, '예전에 내가 보도국장 사표를 갖고 왔는데 각하 기분을 상할지도 몰라서 내놓지 못했다' 고 하십시오."

그러나 그런 일은 일어나지 않았다.

우리는 커다란 특종을 했고 그 건에 관련한 내 사표는 영영 묻혀버렸다.

소련 령, 무르만스크 호수 위의 KAL기 불시착 사건

냉전이 한창이던 1978년 4월 20일에 알래스카 앵커리지로 향하던 대한항공 902편이 당시 소련 령인 무르만스크의 얼어붙은 호수로 불시착한 사건이 있었다. 4월이었지만 그 지역이 몹시 추워서 호수가 얼어붙어 있던 것이 불행 중 다행이었다.

이때 서방 언론과 승객들의 얘기를 종합해보면 비행기 한쪽에서 계속 비치던 햇빛의 방향이 어느 때부터인가 갑자기 바뀌어서 정반대 방향에서 비치었고 그런 지 얼마 안 되어 소련 전투기가 나타났다고 한다.

이상한 일이 아닌가.

그러니까, 왼쪽인지 오른쪽인지 알 수는 없지만, 가령 왼쪽 창으로 통해 기내로 들어오던 햇빛이 갑자기 오른쪽 창으로 들어올 수도 있을까? 그건 비행기가 방향을 틀었다는 얘기가 된다.

당시 배나 비행기의 GPS는 요즘처럼 정확하지 않아서 승무원들이 30분마다 항법장치를 점검해 주어야 했다. 그렇다면 항법장치가 고장이 났든지, 당시 세간에 돌던 말대로 승무원들이 뭔가 근무 태만을 범했든 비행기 안에서 어떤 사정이 있었고 그 연유로 소련 영공으로 들어간 게 아닐까 싶었다.

나는 빛이 들어오던 방향이 바뀐 사실에 주목하여 그에 대한 실험을 해보기로 했다. 그리고 그 실험 장면을 뉴스에 내보내기로 했다. 그러자면 커다란 KAL기 모형이 필요했다. 명색 방송국 뉴스 보도에 조잡한 장난감 비행기를 보여줄 순 없었다.

나는 보도국 후배들에게 내 뜻을 전하고 비행기 모형을 구해오라는 지시를 내렸다. 다들 난감한 표정을 지으며 이렇게 물었다.

"그걸 어디서 구해옵니까?"

"왜 못 구해? 누가 진짜 비행기 구해오라는 것도 아닌데. 여행사를 뒤지든지 항공사 근처를 수소문 해봐."

나도 말은 그렇게 했지만 제대로 된 KAL기 모형, 그것도 시청자들이 실감을 할 수 있을 만큼 커다란 걸 구하기가 만만치는 않을 걸로 생각했다. 그러나 불가능하지도 않을 것 같긴 했는데……

후배들은, '기자생활하다 보니 별의별 걸 다 구하러 뛰어다니네.' 하며 불평을 했을지도 모르겠다. 후배들을 채근해 내보낸 지 얼마나 지났을까…… 방송 시간은 다가오고 슬슬 초조해져 가는데 사회부 하순봉 차장이 뭔가 커다란 걸 어깨에 둘러메고 들어오는 게 아닌가. KAL기 모형이었다. 그는 여행사를 뒤져 사정을 말하고 어렵사리 빌려왔다고 했다. 역시 우리 후배였다. 나는 박수라도 치고 싶었.

뉴스 시간이 되자 나는 뉴스데스크 조명을 끄고 손전등을 햇빛으로 삼아 KAL기 추락 당시 상황을 시청자들에게 재연해 보여줄 수 있었다.

사건 개요는 이렇다.

KAL기가 항로를 이탈하여 소련 영공으로 들어가자 소련 당국은 SU-15 전투기를 출격시켜 기총과 미사일 공격을 가했던 것이다. 그 미사일이 비행기의 왼쪽 날개를 맞추었고 그 탓에 승객 2명이 기내에서 사망하고 말았다. 조종사는 급히 무르만스크로 불시착을 하게 되었고, 그 충격으로 13명의 부상자가 발생했다.

며칠 후 소련에서 조사를 마치고 비행기와 간첩 혐의를 받았던 기장을 송환한다는 발표가 나왔다. 우리는 기민하게 움직였다. 비행기와 기장이 송환되는 화면을 인공위성을 통해 전달받아야 했기에 금산의 우주 다운레그(위성에서 지상으로 신호를 내려 보내는 것을 일컫는 방송용어—편집자 주) 센터에 연락을 취해 수신예약을 해두고 기다렸다.

문제는 여기서부터 일어났다.

무슨 까닭인지 송환이 늦어졌고 그 바람에 MBC가 예약해 둔 다운레그 시간이 지나가 버린 것이다. 그 다음 예약은 KBS가 해놓고 있었는데 그리로 다운레그가 넘어갈 수밖에 없다는 통고가 왔다. 텔레비전 보도는 그림이 생명인데 그림도 없이 보도를 내보낼 처지가 된 것이다.

보도국 후배들은 국장인 내 얼굴만 쳐다보고 있었다.

순간 나는 결심했다.

내가 절도 혐의로 감옥을 가는 한이 있어도 이 중대한 사건에서 화면도 없는 보도를 내보낼 수는 없지!

나는 후배 누구를 특정하지 않고 모두에게 이렇게 말했다.

"야, KBS 다운레그 시간이 언제라고? 그 화면, 우리도 일단 쓰고 보자."

다들 눈이 휘둥그레졌다. 누군가 이렇게 반문했다.

"예? 그거 문제가 될 텐데요."

"글쎄, 시청자들한테 어떻게 화면도 없는 뉴스를 내보내냐고! 그러느니 나중에 내가 책임지고 감옥에라도 간다. 그럼 될 거 아냐."

나로선 정말 각오를 해야 하는 일이었다.

그렇게 해서 우리는 KBS로 가는 다운레그 시간 화면을 도용하게 되었다. 그 직후 우리 움직임을 눈치 챈 KBS에서는 화면 한켠에 자사 로고를 넣었다.

이런, 이크! 우리는 그 화면이 KBS 로고에 하얀 막을 씌워 가려서 내보냈다. 그러자 KBS는 한켠에 있던 자사 로고를 우리가 친 가림막을 피해 빙글빙글 돌리는 게 아닌가.

어쩔 수 없다! MBC 뉴스에 KBS 로고가 찍혀 나갈 수는 없다.

우리도 가림막을 KBS 로고 움직임을 따라 돌리며 그걸 가려야 했다. 두 방송국이 무슨 숨바꼭질이라도 하는 격이었다.

결국 우리는 보도를 그림과 함께 무사히 마쳤다. KBS 보도국장에겐 그 후 전화를 걸어 진심으로 사과를 했다. 내가 각오한 만큼 크

MBC 보도국장 시절
각 언론사 보도국장 및 편집국장들과 일본에 출장갔을 때의 모습.

게 책임질 일은 일어나지 않았다. 지금 생각해도 KBS엔 미안한 일이지만 다 기자로서 시청자들에 대한 책임을 다 하자고 한 짓이니 너무 밉지 않게 보아준 것 같다.

경찰 경비행기 추락사건
—"기영아, 마지막으로 녹음기 열어 놔라."

1977년 9월 30일 저녁때였다. 그날도 많은 사건들을 정리하고 집에 돌아오자마자 급한 전화가 왔다.

"국장님, 큰일 났습니다. 우리 기자들 둘이……."

그는 말도 제대로 못했다.

"뭐? 무슨 일인데 그래?"

"기영이하고 장기완 기자가 죽었는지 살았는지도 모르고 지금……."

강릉에서 돌아오던 경찰 경비행기가 김포공항 뒤 논바닥에 추락

했다는 소식이었다. 그 비행기에는 강릉시 문화행사를 취재하고 오던 우리 기자 둘, 카메라부 장기완과 사회부 엄기영이 동승해 있었다. 엄기영은 그때 수습을 갓 뗀 20대 후반의 기자였다.

우리 기자들 포함해서 다른 동승자 4명의 생사조차 파악이 안 되고 있다 했다. 눈앞이 캄캄했다.

나는 무조건 추락 현장으로 달려갔다. 캄캄한 밤중에 기체만 계단식 논둑에 나뒹굴고 있었다. 그 사건을 목격했던 동네 사람들에게 알아보니 조종사는 현장에서 숨졌고 다른 이들도 중상으로 죽을지 살지 모르는 채로 병원에 실려 갔다 했다. 가슴이 더 무겁게 내려앉았다.

우선 우리 두 기자의 안부가 급한 나로서는 수소문 끝에 먼저 장기완 기자가 있다는 세브란스 병원으로 갔다.

장 기자는 발목과 늑골이 부러져서 응급가료 중이었다. 살아 있어서 반갑고 고마웠다. 그는 우선 '기영이 어떻게 됐냐.'라고 물은 다음 비교적 또렷한 어조로 이런 말을 했다.

"그때, 비행기가 추락하게 생겼다는 걸 알았을 때 옆자리에 기영이 앉아 있었는데 제가 그랬습니다. '기영아, 우리 기록을 남기자. 마지막으로 녹음기 열어 놔라.' 근데 살았네요."

나는 눈물이 왈칵 나왔다. 죽음 앞에서도 침착했던 그의 용기와 기자근성이 가슴을 쳤다.

나는 곧바로 엄기영 기자가 혼수상태로 실려 갔다는 왕십리 경찰병원으로 달려갔다. 엄 기자는 머리에 심한 충격을 받아서 생명이 위태로웠다. 한데 곰곰 둘러보니 병원시설이 저런 중환자를 돌보고 살려내기에 턱없이 미흡해 보였다.

안 되겠다. 엄 기자를 여기 두면 살 수가 없겠다…….

나는 그 경찰병원에서 그리 멀지 않은 곳에 있는 한양대학교 병원을 떠올렸다. 그리고 한양대학교 설립자이자 『대한일보』 사장을 겸하고 있던 김연준 총장이 마침 그 병원에 장기 입원 중이라는 사실도 연이어 떠올랐다.

나는 급히 한양대 병원으로 내달았다. 그리고 무조건 입원실로 뛰어올라가 그 한밤중에 면회신청을 했다. 이것저것 가리고 잴 때가 아니었던 거다. 만일 면회가 거부되면 그냥 밀고 들어가 김 총장을 만나려는 각오였다. 다행히 그런 무리수를 둘 필요 없이 면회허가가 되어 그를 만날 수 있었다. 나는 자초지종을 간략히 말하고 나서, "우리 기자 좀 살려달라"며 간청을 했다. 김 총장은 흔쾌히 수락했다. 엄기영 기자는 그날 바로 한양대 병원으로 옮겨갈 수 있었다.

한숨을 돌리고 나자 엄 기자 부인이 그때 만삭이었던 게 생각났다. 나는 아내에게 전화를 걸었다.

"당신, 지금 바로 엄 기자 집으로 가서 그 부인을 다독거리고 위로해줘요. 홑몸도 아닌데 큰일 날 수도 있잖아."

아내는 그 길로 엄 기자 집으로 가서 그의 아내를 만났다.

엄 기자는 뇌수술을 받았고, 그 후 병원에서 2개월 동안 식물인간 상태로 지냈다. 완전 무의식 상태였다. 당시 『동아일보』 기사에 엄기영에 대한 부분은 이렇게 나와 있다.

> 엄 기자는 추락할 때 머리에 심한 충격을 받아 중상을 입고 경찰병원으로 갔다 한양대 부속병원으로 옮겨 수술을 받았으나 중태다.

정말 위중했던 것이다.

그러나 결국 회복되어 멋진 트렌치코트 차림으로 보도활동을 하며 대중적 인기를 얻고, 나중엔 MBC 최장기 앵커에 사장까지 역임했으니 그저 고맙고 대견할 뿐이다. 그때 엄 기자 부인이 갖고 있던 아이는 무사히 세상에 나와 얼마 전 결혼까지 했다. 이 역시 참으로

경찰 경비행기 추락사건을
딛고 선 엄기영
비행기 추락 사고로 죽음 직전까지 갔던 그가
MBC 최장기 앵커에 사장까지 역임했으니
그저 고맙고 대견할 뿐이다.

대견하다.

　당시 비행기 뒷좌석에 탔던 우리 기자 둘 외에 다른 4명의 동승자는 결국 모두 사망하고 말았다. 새삼 그들의 명복을 빈다.

08.

"오늘만은 뉴스 빠뜨려도
문제 삼지 않겠다."

보도국에 앉아 사건을 검토하고 있던 어느 날이었다.

사회부 추성춘 기자의 딸이 실종됐다는 소리가 들려왔다. 나는 자리에서 벌떡 일어났다. 그리고 그때 보도국에 있던 모든 인력들에게 큰 소리로 말했다.

"다들 나가서 추 기자 딸부터 찾아! 오늘만은 뉴스 빠뜨려도 문제 삼지 않는다."

기자에겐 뉴스가 무엇보다 중요하지만 사람에겐 가족보다 소중한 것이 없다. 기자도 사람이다.

추성춘 앵커
실종된 추 기자의 딸을 발 벗고 나서서 찾아낸 일은 우리 보도국 기자들이 똘똘 뭉쳐 동지애를 발휘했던 일 중 하나다.

우리는 지역을 나누어 그때 강남에 살던 추 기자의 집 근처에서부터 찾아나갔다. 당시 강남은 개발되기 전이라 허허벌판이나 다름이 없었다. 그 벌판 곳곳을 누비며 일대의 모든 파출소를 샅샅이 찾아다녔다.

추 기자는 결국 딸을 찾아 무사히 집으로 데려올 수 있었다.

우리 보도국 기자들이 똘똘 뭉쳐 동지애를 발휘했던 일이 그 외에도 많이 있었지만 그때가 참 뭉클하고 그립다.

요즘은 방송국 보도국장의 평균 임기가 1년이라고 한다. 나는 매우 의아스럽다. 그런 짧은 기간 동안 보도국에 뭘 해 넣을 수 있을까. 기획기사 하나 제대로 추진할 수 있을까……. 예전엔 그래도 2, 3년 임기는 됐다.

나는 5년가량 MBC 보도국을 이끌었다. 돌아보면 내가 처음 MBC로 옮길 때 최석채 회장의 수혈론—신문사에서 쌓은 경험을 방송에 수혈하는 효과—은 지극히 맞으면서도 한편 부족했던 일면이 있다. 내 신문사 경험을 방송보도에 남김없이 쏟아 부은 건 맞지만, 나 역시 MBC 보도국에서 많은 양의 보혈(寶血)을 받아들였기 때문이다.

MBC 보도국과 나, 우리는 아낌없는 상호 수혈로 서로를 끌어올렸다고 나는 생각한다. 그걸 요새 말로는 시너지라고 하는 모양이지만 나는 다른 말로 표현하고 싶다. 그건, 사랑과 열정이다.

MBC 보도국장 당시 1977년 MBC 신년특집 박근혜 대담 장면
5년가량 MBC 보도국을 이끌면서 MBC 보도국과 나는 아낌없는 상호 수혈로 서로를 끌어올렸다. 사랑과 열정 덕분이다.

3등 국회의원 열하고
보도국장 하나를
안 바꾼다

"각하가
　자네 잡아오란다."

최석채 회장 말마따나 MBC에서 수혈도 어지간히 하고 나자 이젠 졸업하고 후배에게 자리 물려줄 때도 됐다 싶어졌다. 보도국장 5년 했으면 당시로서도 한참 한 것이었다. 한데 MBC를 졸업하고 나면 나는 무얼 할까나……

바로 그즈음, 그러니까…… 1979년 늦가을, 청와대 정무수석 유혁인과 중앙정보부 정홍진 차장보에게서 만나자는 연락이 왔다. 둘 다 문리대 사회학과 출신의 내 친구들이었다. 그들은 시청 앞 플라자 호텔에 방을 잡아놓고 나를 오라 했다.

넓고 화려한 방이었다.

유혁인 수석이 대뜸 내게 말했다.

"각하가 자네 잡아오라 그런다."

"나 잡아가서 뭐할 기고?"

"아…… 하여튼 잡아오래……."

왜 잡아가려 하는지 그들은 말끝을 흐렸지만 나는 알았다.

아, 유정회 의원 얘기로구나.

유정회(維政會), 유신정우회(維新政友會)의 약칭이다.

유신헌법에 따라 대통령의 추천으로 통일주체국민회의에서 선출된 전국구 국회의원들이 구성한 원내교섭단체가 유정회다. 이들은 여당인 민주공화당에 합류하지는 않았지만 실질적인 여당이었다. 국회 정원의 3분의 1, 즉 74명을 유정회가 우선 차지하고, 그 나머지 인원수를 여야가 선거로 가려 국회에 들어가니까 대개 의원 총 수의 3분의 2 이상을 여당이 확보하고 들어가는 셈이었다.

이 유정회는 1973년 9대 국회에서부터 생겨났다. 그 전 8대 국회에서 야당이 크게 약진하면서 여당이 근소한 차이로 우세를 지켰을 뿐이었다. 야당은 그 여세를 몰아 김대중 씨가 대통령 후보로 추대

되고, 김영삼 씨가 당권을 장악하면서 매사, 대선에서고 국정에서고 만만치가 않게 되었다. 이에 9대 국회부터는 박 대통령이 유정회를 발족하여 압도적인 여당 우세를 만들어놓고 국정을 운영하게 된 것이다. 유정회는 박 대통령 서거 후 제5공화국이 출범하면서 해체되었다.

유정회 멤버는 주로 언론계, 대학교수, 관료층과 국가 유공 퇴역 장성에서 가려 뽑아 그 명단을 한꺼번에 통일주체국민회의에 보내면 거기서 명단 전체에 대한 찬반투표를 거쳐 확정되었다. 통일주체국민회의, 흔히 통추라고 했는데, 통일 후를 대비해서 북한의 대의원 수에 맞춰 뽑은 남한 측 대의원이라고 이해하면 된다. 국민의 직접선거로 2,000명 이상 5,000명 이하를 선출하였다 이 통추는 명목상 통일정책 최고의 결정기관이었지만 실제로는 유신헌법을 실행하기 위한 보조, 혹은 방패막이 역할을 담당하였다.

통추나 유정회나 사실 의회정치의 정신에는 어긋나는 제도였다. 그것은 부인할 수 없었다. 그래서 망설여지는 마음도 들었지만…… 유정회 멤버 개개인들의 인품이랄까, 학력과 경력 등 총체적인 됨됨이만큼은 대개의 지역구 의원들보다 그 수준이 높았던 그 점은 마음에 들었다. 당시까지만 해도 시골에서는 막걸리 잘 사고 잘 먹는 사람이 당선되는 경우가 많았으니까. 그리고 권력에 가장 고분고분할 것 같은 유정회였지만 의외로 통제가 잘 안 되는 경우도 많았다. 다들 학식 높고 잘났다는 사람들이 모인 탓이었다. 그 점 역시 마음에 들었다.

나는 5·16이 처음 몹시 못마땅했었다. 박정희 저 사람이 우리나라의 헌정질서를 유린했다, 군대가 민의를 뒤엎었다고 생각했다. 거의 한 1년 반 이상 박정희 대통령 반대편에 서 있었다. 그러다 정치부 기자로서 가까이에서 지켜본 바, 그가 우리나라 경제를 일으켜 세우려는 집념은 높이 살 만한 것이었다. 월남전 참전, 중동특수 등 몇 가지 국제적 요인도 있었지만 경제개발에서 성과가 나지 않았던가.

구미의 박 대통령 생가에 갔을 때 나는 이런 생각을 하였다.

'아, 저 양반이 이렇게 어려운 환경에서 자랐다면 적어도 가난이 뭔지, 보릿고개가 뭔지는 아는 사람이겠구나.'

그의 생가가 학비도 없어서 쩔쩔맸던 내 어릴 적 환경과 겹쳐져 보였다.

나는 아주 천천히 박 대통령에게 호감을 갖게 되었다. 그런 호감으로의 전환이 없었다면 나는 아마 유정회 영입 제안을 거절했을지도 모른다. 그랬다면 유정회 영입 제안을 거절한 최초의 인사가 되었을 것이다. 유정회는 제안을 받았을 경우 거부하는 사람이 단 한 사람도 없었으니까.

반감을 갖고 있을 때는 물론이고 호감으로 돌아선 후에도, 기자로서 박 대통령에게 취재 질문은 열심히 해도 그의 옆에 앉아 함께 사진을 찍거나 하진 않았다. 사석에서 그가 잡담을 할 때라든지 별 내용 없는 얘기를 할 땐 밖으로, 변두리로 돌곤 했다. 대통령 눈에 들려고 시쳇말로 알랑거리지 않았던 것인데, 그게 되레 그의 눈길을 끌었던 것 같다. 점마가 저거 『동아일보』에 있으니 나랑 친해지려고 할만도 한데 자꾸 겉돌기만 한다…… 이런 생각을 했던 것 같다. 그랬으니 유혁인 수석에게 '글마 꼭 잡아 오너라'고 했던 것일 게다.

플라자 호텔에서 유혁인 등을 만난 그날 밤 때 이른 눈이 내렸다. 이런저런 상념들이 눈발처럼 갈라졌다 모였다를 반복했다. 이제 내 젊음을 바쳐서 일해온 언론계를 떠나야 할 때가 온 건가……. 기자가 아닌 나, 기자 아닌 다른 모습의 나. 상상도 되질 않았다. 아쉬웠다. 가슴 속에서 턱없는 감상(感傷)이 회오리쳤다.

그 밤, 나는 MBC 건너편에 있는 이환의 사장 댁으로 가서 이렇게

유정회 활동 당시 가입에 망설임이 없지는 않았지만 유정회 멤버 개개인들의 인품이랄까, 학력과 경력 등 총체적인 됨됨이만큼은 마음에 들었다.

유정회 활동 당시 포항제철을 방문해 박태준 회장의 설명을 듣는 모습이다.

말했다.

"아무래도 내가 유정회에 잡혀갈 것 같습니다. 내 후임을 고르세요. 일단 마음에 두고 계시다가 내가 가면 그 사람을 앉히세요."

한데 그 바로 다음날, 이환의 사장은 후임을 발표해버렸다. 나는 당황했다. 그건 이환의 사장에게 안 좋을 수가 있었기 때문이다. 사장실에서 마주한 그에게 나는 이렇게 말했다.

"유정회 멤버를 뽑으려면 앞으로 열흘가량이나 남았는데 이렇게 갑작스러운 조치를 하시면 이 사장님이 제가 유정회 간다는 걸 알았다는 얘기가 될 수도 있습니다. 아니면 유정회를 좋지 않게 보거나 유신을 반대하는 걸로 간주될 수도 있고요. 거기 간다는 걸 알고서 대번에 교체해버렸다는 얘기가 되니까요. 이러면 사장님이나 저나 곤란하게 됩니다."

이 사장은 즉각 그 아침에 발표했던 인사 조치들을 취소했다. 그가 그 전날 밤의 내 얘기를 달리 해석했던 모양이었다. 이환의 사장도 나중에 민정당 전국구 국회의원을 지내셨다.

02.
박 대통령과의
독대 아닌 독대

유정회로 10대 국회에 들어가 의정활동을 시작한 지 몇 개월 후였다.

청와대 영빈관의 50센티미터 가량 높이의 단 위에 공화당과 유정회 의원 140여 명이 일렬로 줄을 지어 서 있었다. 그 줄의 맨 앞에서부터 박 대통령이 한 사람 한 사람 악수를 하며 왔다.

정치 초년병인 나는 일부러 줄의 거의 끝부분에 서 있었는데 차례를 거쳐 내게 다가온 박 대통령은 다른 이들을 대할 때와 확연히 다른 모습을 보였다. 다른 이들은 그저 손이나 한 번 스치듯 쥐고 지났는데 내겐 여러 가지로 말을 건넨 것이다. 그건 매우 이례적이었고, 어떻게든 박 대통령 눈에 들고 싶어 하는 이들에겐 부러움을 살 만한 일이었다.

"김 동지, 정치해보니 어떻노?"

나는 전혀 답변 준비가 되어 있지 않았다. 박 대통령이 내게 무어라 말을 건네리라고는 상상도 하지 않고 있었던 것이다. 그는 내 앞에 서 있던 100명이 넘는 사람들을 그저 악수나 하며 지나쳐 왔으니까.

나는 준비가 안 된 채인 그대로 대답했다.

"아직은 뭐라고 얘기할 단계가 아닙니다."

"그래, 그렇겠지. 그렇지만…… 내가 초년병한테 얘기하는데 정치 선배란 사람들 다 거짓말쟁이야. 그런 말 믿다간 큰일 난다."

나하고 그런 얘기를 나누는 중에 먼저 대통령과 악수한 사람들은 모두 단에서 내려갔다.

단 밑에서 친구 하 아무개 의원이 내게 다가와 물었다.

"야, 대통령이 너한테 여러 말씀을 하던데 무슨 얘기야?"

내가 시큰둥하게 말했다.

"언제 날 잡아서 너 한 번 패야겠다더라."

이건 누가 봐도 농담인데…… 대통령에게 관심이 깊으면 그런 말도 깊게 생각을 하게 되나 보았다.

하 아무개가 재차 물었다.

"야, 진짜로 내 이름 아시더냐? 날 패야겠다고 했다 이 말이지. 막 패면 사람되겠단 말이지……?"

"그래."

그날 영빈관 모임이 거의 끝나갈 때쯤 뜻밖의 일이 또 일어났다.

박 대통령이 작심을 하고 내게로 오신 것이다. 그때 단 밑에는 공화당 의장이니 정책위 의장이니 하는 쟁쟁한 정객들이 다 있었는데도 그들을 몽땅 젖히고 곧바로 나한테 와서는 이렇게 말을 건넸다.

"아까도 내가 얘기했지만 정치 선배들 못 믿겠지? 그 다 거짓말쟁이들이야."

그렇게, 대통령과 독대 아닌 뜻밖의 독대를 두 번째 하게 되자 그제는 당황하는 마음을 한결 추스르고 말할 수 있었다.

"예, 차차 공부도 하고 익숙해지면 거짓말인지 아닌지 알 수 있지 않겠습니까. 주의해 듣겠습니다."

그날 집에 와서 아내에게 지청구를 들었다. 박 대통령 때문이었다. 공연히 나한테만 말을 거는 바람에…….

아내가 말했다.

"아니 그래, 준비 좀 잘 해서 대응을 잘 해야지. 그렇게 하는 사람이 어디 있어요. 아쉽네. 각하 인상에 남았을 텐데."

나는 약간 뚱해져서 말하였다.

"하지만…… 내가 그럴 줄 알았나. 하필 나한테 그런 얘기할 줄 알았나 말이야."

돌아보면 그때 박 대통령은 매너리즘과 아부 일색의 측근 의원들에게 염증을 느끼고 있었던 게 아닌가 싶다. 그래서 신진 인물들을 키워 그들을 대신하게 하려는 구상을 하고 있었는지도 모르겠다.

03.

3등 국회의원 열보다
보도국장 하나

　국회는 유정회, 공화당, 신민당, 무소속 의원석이 각각 나누어져 있었다. 분과별로는 내무위원회가 맨 앞자리에 배치되어 있었고 경제부처 의원들이 뒷자리에 앉았다.
　요즘 같은 개인별 휴대전화는 당시로선 생각도 하기 어려웠으므로 국회 본회의장 뒤엔 전화기가 주욱 늘어서 있었다. 한데 회의 때마다 틈틈이 누군가 뒤에서 전화하는 소리가 들려왔다. 누군가에게 드리는 보고였는데 하도 굽실거리는 양이라, 거슬려서 오금이 좁아드는 듯했다. 신경 쓰지 말아야지 했지만 자꾸 들리는 걸 어쩌랴. 이런 식이었다.

"예, 차 실장님. 지금 신민당 아무개가 발언하고 있는데 그 내용이 조금 불온합니다. 각하에 대해 이러이러하게 발언하고 있습니다……. 예, 또 보고 올리겠습니다."

창피하고 치사했다. 그는 공화당 의원이었고 보고를 받는 이는 차지철 경호실장이었다. 해당 의원은 나이도 차 실장보다 서너 살은 위였다. 더구나 그 예전부터 차지철과 나는 막역한 친구처럼 지내던 사이다 보니 그 공화당 의원이 더 작고 초라해 보였다.

차지철이 박 대통령에게 충성스럽긴 했다.

그의 전임 박종규 실장 때부터 대통령의 신변만을 보호하는 '신체경호'에 더해 '누구도 대통령의 마음을 불편하게 해서는 안 된다'는 '심기경호'의 개념을 도입했는데 차지철은 거기에 한 술 더 떴던 것이다. 그는 심신경호에 더해 정치적 안전까지 책임지는 '보위경호'를 하려 했다. 그의 이런 과잉 충성이 결국 스스로에게나 박 대통령에게나 불행을 불러온 한 요인이 될 줄은 그 자신도 몰랐을 것이다.

그렇듯, 차 실장의 보위경호에 적극 동조하는 국회의원 모습을 보고 있자니 절로 이런 생각이 들었다.

'야, 3등 국회의원 열 번 하느니 MBC 보도국장 한 번 하는 게 낫

다.'

사실 나도 3등 국회의원이었던 건 부인할 수 없다. 그건 허울 좋은 자리, 그 이상도 이하도 아니었다. 물론 그 공화당 의원처럼 창피한 짓을 한 건 아니었지만 임기 동안 뭐 이렇다 하게 한 것이 없다. 당시 정치적 상황은 거의 대부분의 의원들을 3등으로 만들었다.

유정회 들어간 지 얼마 안 되어 1979년 10월 초 신민당 '김영삼 총재 의원직 제명안 통과' 사건이 있었다. 김 총재가 『뉴욕타임스The New York Times』지와의 기자회견 때, '미국이 공개적이고 직접적인 압력을 통해 박 대통령을 제어해줄 것'을 요구한 발언이 문제가 되었다. 신민당 측의 강력한 반발에도 불구하고 김 총재 제명안은 결국 국회 별실에서 10여 분 만에 통과되었고, 이 제명안 가결은 부마사태의 도화선이 되고 말았다. 부마사태는 박정희 시대의 마감을 불러온 부산 마산 지역의 시위사태를 말한다.

야당 총재를 힘으로 눌러 제명했으니 그 항의 표시로 야당 의원들이 의원직 사퇴서를 제출하고 국회에 나오는 둥 마는 둥 하는 판이라, 그런 상황에서는 대개의 의원들이 별로 할 일도 없었.

국회 시찰단으로 남미 순방이 예정되어 있었지만 야당 의원들의 보이콧으로 남미행은 취소되고 규모를 줄여 유럽 시찰이나 한 번 하고 왔다. 현지 대사관이나 코트라 등에서 의원님들 왔다며 대접도 하고 그랬지만, 착잡했다. 국회의원은 해외여행 다니자는 자리가 아니지 않은가. 국회의원이면 뭔가 많은 이들을 위한 일을 해야 하는데 할 수 있는 일이 없었다. 당시 내가 유정회 소속의 여당 의원 입장이라 어쩔 수 없었지만 사실 야당 총재를 국회에서 의원직 박탈하여 쫓아내는 게 어디 있나. 야당 의원들이 대들고 반발하는 게 당연하지. 그러니 정국은 파행으로 치닫고⋯⋯. 만일 내가 이때 언론계에 있었다면 비판적인 기사를 내보냈을 것이다.

김 총재 제명 파동 두어 달 전에 있었던 YH무역 여공 농성사건도 박정희 대통령의 권력에 금이 가게 한 사건이었다. 어쩌면 이 사건이야말로 그의 아성에 첫 균열을 일으킨 것이 아닐까 싶다.

당시 YH무역은 우리나라 최대의 가발 수출 업체였으나 수출둔화와 업주의 자금유용 및 무리한 기업 확장 등으로 경영난에 빠지자 폐업을 공고했다. 이에 YH 여공 180여 명은 회사를 살리기 위해 여러 방안을 강구하였으나 사측이 시종 무성의한 태도로 나오자 농성을 시작했고, 결국 1979년 8월 9일, 사회적 파급효과가 큰 신민당사로 옮겨와 농성을 계속했다. 그 이틀 후 새벽 2시, 경찰 1천여 명은 신민당사를 급습, 농성을 진압하였는데 이 과정에서 여공 한 명이 추락사했고 현장에 있던 신민당 의원과 취재기자들도 무차별적인 구타를 당했다.

이즈음 나는 친구 김종하 의원, 김영삼 총재의 최측근인 김동영 의원과 자주 어울렸다. 매일 밥도 함께 먹고, 말하지 않아도 답답한 심사를 서로 위무했다. 그런데 어느 날인가는 김동영이 점심때가 되자 황급히 자리를 뜨는 것이었다.

"어디 가? 밥 먹어야지."

김동영이 엉거주춤 서서 말했다.

"오늘 내 당번이다. 빨리 당사로 가야 돼."

"당번이라니? 거긴 의원들이 청소 당번하나?"

"그게 아니라 내가 오늘 가서 밥 사는 당번이다. 지금 농성하고 있는 여공들 중에 마흔다섯 명 밥은 오늘 내가 사야 된다. 이것도 꽤 부담이 돼."

그만큼 야당은 당비가 없었다. 의원 개개인이 얼마씩 내는 걸로 당이 운영되고 있었던 것이다. 그러다 보니 기업과의 유착이 때로 여당보다 심한 경우도 있는 등 부작용이 만만치 않았다.

이명박 전 대통령과 함께 정치 초년병이 의미 있는 일을 하기에 당시의 시대적, 정치적 상황은 너무 안 좋았다. 사진은 대한민국 헌정회(전직 국회의원들의 모임)의 회원으로 이명박 대통령과 악수하는 모습.

전체 국민들과는 별 상관없는 일이었지만 내 전 직장, MBC를 위해서는 그나마 약간의 힘을 써볼 수 있었다. 언론 광고에 관한 법률안이 나왔는데, 보니 MBC에 불리한 내용이었다. 나는 최석채 회장과 이환의 사장에게 그 사실을 알리며 MBC의 국회 출입기자들과 공조할 것을 논의하고 훈수를 두기도 했다. 의원직은 그런 일 하라고 있는 게 아니지만 개인적으론 내가 몸담고 있던 직장 후배들을 도울 수 있어서 좋았다.

결론적으로 난 국회의원을 하긴 했으나 정치는 제대로 못 하였다. 할 수도 없었고 해보려는 구체적 의욕을 가질 수도 없었다. 보도국장 졸업할 때 되어가지고 나가서 소위 '정치 바람'이나 한 번 쏘이고 온 것에 불과했다. 정치 초년병이 국회에서 뭔가 의미 있는 일을 기획하고 추진하기엔 시대 상황이 너무 안 좋았던 데다, 여당 정치를 하려면 최소한 3, 4년 혹은 5, 6년은 정치 경험을 쌓은 후라야 된다는 우리나라 국회 풍토이고 보면, 내가 3등 국회의원이 되었던 건 오히려 당연하게도 보인다. 여당 의원, 지위나 괜히 번드르르했을 뿐…….

04.

10·26 당일, 그리고 박 대통령과 김재규의 오랜 우정

10·26은 너무나 유명한 사건이라 모르는 이도 없을 테고, 따라서 그에 대해서는 누구나 한 마디씩은 할 수 있겠지만, 그 당일 박정희 대통령과 김재규의 행적과 두 사람의 오랜 인연과 우정 등에 대해서는 잘 알려지지 않은 게 있다. 정치부 기자와 의원 생활을 하며 내가 알게 된 몇 가지만을 여기 간략히 소개한다. 그 사건의 법정 기록이나 발생 원인에 대한 학계의 여러 분석 등은 지금 이 글과는 무관하다.

인간 박정희와 김재규는 본래 아주 친한 사이였다. 김재규는 사석에선 박 대통령에게 "형님, 형님"이라며 호형을 했을 정도다. 박 대통령이 나이는 훨씬 많았지만 그들 두 사람은 육사 2기 동기생이다. 이렇게 말하면 고개를 갸웃하는 이들이 많을 것이다.

설명을 하자면 이렇다.

박정희 대통령은 일제 강점기 때 만주군관학교를 나왔다. 나이가 많아 입학을 할 수 없게 되자 혈서를 써서 그들의 마음을 산 후 들어갈 수 있었다. 이건 그간 쉬쉬한 사안이지만 이제 아는 사람은 다 아는 사실이기도 하다. 일본 육사는 만군 3학년 때 위탁생으로 잠시 가 있었다.

육사 1, 2기라는 건 육군사관학교가 아니라 군사영어 학교를 말한다. 미군정 시절 군사영어 학교 1기생, 2기생을 뽑아 교육을 했는데 나중에 그들을 그대로 육사 1, 2기생으로 대우했던 것이다. 그렇게, 박정희와 김재규는 청년 시절을 함께 했을 정도로 친한 사이였지만 부마사태로 인한 시국관의 차이와 차지철과의 갈등이 그들의 명운을 가른 듯 보인다.

1979년 10월 26일 당일 아침부터 박 대통령은 헬기를 타고 충남

아산만 지역 두 군데를 돌아보았다. 오전에 먼저 삽교천 방조제 준공식에 참석하였다. 삽교천 방조제는 넓은 농경지를 개발하고 거기에 농업용수를 공급하기 위한 사업으로 4년여의 공사를 거쳐 그날 준공식을 갖게 된 것이다. 방조제 농경지는 농수산부 소관이므로 그 부처의 이 아무개 장관이 그날의 행사를 주관하였다.

박 대통령의 이날 행적은 대개 삽교천 행사만 언급이 되고 있지만 그가 그 다음 들른 곳이 있다. 아산만의 대북방송 송신소. 아산에서 전파를 쏘면 육지를 거치지 않고 바다를 건너 곧바로 평양에 도착하는 지리적 이점 때문에 이곳에 대북 송신소 시설을 갖춰두었던 것이다. 이 대북방송 송신소의 관할은 중앙정보부였고 대통령을 배석 수행할 사람은 당연히 중정부장 김재규였다. 그러나 김재규는 헬기장까지 갔다가 그곳에서 돌려세워졌다. 차지철이 당신 필요 없다며 쫓아냈고 박 대통령은 그런 차의 월권행위를 묵인하였다.

아산만에 배석하지 못하고 내쫓긴 김재규는 그 길로 부하들을 소집하여 그날 밤 궁정동 안가의 술자리를 노렸던 것이다. 그 자리에서 총을 빼어든 후 첫 마디가 이것이었다.

"각하! 저 따위 버러지 같은 새끼를 데리고 정치를 하니 올바로 되겠습니까?"

10·26 당시
그날 밤 궁정동 안가에서 총을 빼어든 김재규의 첫 마디는 이것이었다. "각하! 저 따위 버러지 같은 새끼를 데리고 정치를 하니 올바로 되겠습니까?"

'저 따위 버러지'는 차지철을 말한다.

그때 만일 박 대통령이, '자네 말이 맞다. 차지철이가 너무 심한 면이 있지.' 이런 정도만 말하며 달랬어도 그런 총격까지는 당하지 않았을 것 같다. 아무리 부마사태로 인해 시국관에 차이가 생겼다 해도, 사람 심사를 가장 긁은 건 제멋대로 '나'를 무시하는 저 힘세고 험상인 '녀석'이었을 테니까.

박정희 대통령의 공과(功過)

근대화를 향한 박 대통령의 집념을 옆에서 보고 느낀 이후부터 그에게 호감을 갖게 되었고, 그로 인해 유정회 의원까지 하고 있었는데도, 그의 서거 소식을 접한 새벽 '아, 이제 이 나라도 조용하게 됐구나.' 하고 생각하니 만감이 교차하였다.

이승만 대통령 시절, 내가 중앙청과 판문점을 출입하며 취재를 할 당시엔 북한의 경제가 우리보다 나았다. 그땐 판문점 회담이 두 달에 평균 세 번 정도 있었다. 그걸 취재하기 위해서는 새벽에 지금

박정희 대통령 서거
그의 서거 소식을 접한 새벽, 만감이 교차하였다.

조선호텔 맞은편 상공회의소에서 판문점 가는 유엔사 특별버스를 타야 했다. 가서는 팔에 '보도' 완장을 차고 회담 취재를 하는데, 남한 측 '보도'는 다 기자고 북한 측은 보도 완장의 3분의 2가 기관원들이었다. 남북한 기자들을 감시하는 임무를 맡은 기관원.

그들이 저희끼리 하는 얘기를 언뜻언뜻 들어봐도 풍부한 지하자원 덕에 형편이 우리보다 나아 보였고 국제적인 경제수치 데이터도 북한이 우리보다 좋게 나왔다. 중앙청과 판문점을 출입하다 보니 그런 자료들을 접할 수 있었다.

북한은 경제뿐 아니라 우리보다 무기 제조 기술도 뛰어났다. 당시 기관총 총구는 엔간한 기술로는 만들기 어려웠다. 총알이 연속으로 나가니까 그 마찰열을 총구가 견디지 못하고 녹아버리는 것이다. 그러나 북한은 자체 기술로 그것도 만들었다. 유성기 바늘을 모아 그걸 녹여서 기관총 총구로 만들었다는데 유성기 바늘이 그렇듯 강경도 높은 쇠인지는 모르겠지만 아무튼 당시 우리나라 기술로는 턱도 없는 일을 북한은 해내고 있었던 것이다.

그러한 경제적, 군사적 열세를 만회한 게 나는 박정희 대통령의 경제개발 이후라고 생각한다. 박정희 시대 초기까지만 해도 우리가 여러 수치에서 열세였지만 경제개발 이후 서서히 따라잡았던 것이다.

판문점 취재 당시
판문점을 드나들며 취재한 당시의 북한 경제는 우리보다 나았다. 이런 열세를
만회한 게 나는 박정희 대통령의 경제개발 이후라고 생각한다.

경부고속도로 개통식에서 박정희 대통령
나는 박 대통령의 집념과 그에 따른 성과를 높이 평가한다. 그러나 그러한 공(功)으로 정치·민주적 측면에서의 과(過)를 덮을 수는 없었다.
출처 : 국가기록원

앞에서도 얘기했지만 국제적으로 월남전 참전이라든지 중동 특수 등의 호재도 있었지만 어쨌든 나는 박 대통령의 집념과 그에 따른 성과를 높이 평가한다.

그러나 그러한 공(功)으로 정치·민주적 측면에서의 과(過)를 덮을 수는 없었다. 그의 시대가 사실 엄혹하긴 했다. 그건 집권 공화당을 쥐락펴락하던 이들에게도 마찬가지였다.

1971년 9월 박 대통령의 3선 임기가 끝나갈 무렵 차기 대권 주자로 김종필 씨가 떠올랐고, 그에 맞서 공화당에서는 이른바 4인 체제가 구축돼 있었다. 김성곤, 백남억, 김진만, 길재호 의원 등이 바로 그들인데 이들의 위세는 대단했다. 공화당의 재정, 공천, 운영 등 정국의 전반적인 주도권을 장악하여 내무와 경찰, 수도 서울은 물론 전국 시도의 시장과 군수, 도청의 국장이나 구청장을 임명시켰으니, 그야말로 일인지하 만인지상의 존재들이었다.

그들은 야당이 물가폭등과 실미도 사건 등을 이유로 해임안을 냈던 내무부장관 해임안을 국회에서 가결시켜 버렸다. 그 해임안을 부결시키라는 박 대통령의 지시를 정면으로 어긴 것이었다. 그들을 중심으로 20여 명의 반란표가 나왔다. 그것은 헌법 기관으로서의 정당한 권한 행사였으나 박 대통령은 자신에 대한 항명으로 간주하고 불같이 화를 냈다고 한다.

그들 공화당 실세 4인방과 그들의 측근은 모두 남산 중앙정보부로 끌려가 '주모자를 대라'는 취조와 고문을 받아야 했다.

내 동서 형님인 강성원 의원도 이때 연행되어 마대에 씌워진 채 혹독한 각목 세례를 받았다. 그는 앞서 얘기했듯 공화당 사전조직의 실무 책임자였고 김종필 씨와 함께 중앙정보부를 직접 만든 사람이다. 자기가 만든 바로 그 정보부에 끌려가 그 고생을 하게 될 줄은 꿈에도 상상하지 못했을 것이다. 강성원 의원은 그 후 정계를 떠났다. 지금은 '강성원 우유'라는, 자신의 이름을 붙인 고급 우유를 만들어 판매하는 낙농 사업자가 되어 있다. 사업에 부침도 심하게 있

낙농 사업자로 변신한 강성원
자기가 만든 중앙정보부에서 고초를 당한 강성원 의원은 그 후 정계를 떠났다. 지금은 '강성원 우유'를 판매하는 성공적인 낙농 사업자가 되었다.

었지만 특유의 강단으로 이겨내고, 성공적인 사업가로서 노년을 보내고 있다.

당의 '자금원'으로 사실상 당내 2인자 역할을 하던 김성곤 의원은 조사관들이 발가벗기고 두들겨 패면서 기르고 있던 수염을 다 잡아 뜯었다고 한다. 앞에서도 언뜻 얘기했지만, 그의 호방한 인품의 상징처럼 여겨지던 콧수염이 치욕과 몰락의 기호가 되고 만 것이다. 그는 동양통신과 『연합신문』 등의 언론사주였을 뿐 아니라 쌍용그룹 창업자이기도 하다. 내 첫 직장이 『연합신문』이었고 정치부 기자 생활 내내 멀고 가까운 거리에서 그를 지켜봐야 했으며, 때로 함께 밥과 술을 먹었으니 그와의 인연이 가볍지만은 않았다. 나는 그의 몰락이 마음 아팠다. 내각책임제였더라면 총리라도 너끈히 할 수 있었을 그의 경륜과 인물이 아까웠다.

길재호 사무총장은 김종필 씨와 같은 육사 8기생으로 5·16 주역 중 한 사람이었다. 그러나 그 역시 하도 두들겨 맞아 지팡이를 짚고 다니는 신세가 되었다.

그들은 그 후 정계에서 퇴출되어 다시 복귀하지 못했다.

집권당의 실세들이 단 한 번의 항명으로 그 지경을 당한 걸 보면 그 시대가 얼마나 엄혹했는지 짐작할 수 있다. 더욱이 김성곤 의원은 5·16 훨씬 이전부터 박 대통령과 친분이 있던 사람이었다.

그 사건을 흔히 '공화당 항명 파동'이라 하는데 권력이란 것이 얼마나 무상하고 무서운지를 잘 보여준다 하겠다.

또한 이승만 대통령 시절에는 우리 사회에 전혀 없던 것이 박정희 시대를 거치면서 암적인 존재로 나타났으니, 지역감정이 바로 그것이다.

공(功)은 공이고 과(過)는 과였다. 또한 공(公)은 공이고 사(私)는 사였다. 박정희 대통령과 좋은 인연이 아주 없다고도 할 수 없는 나였지만, 내 속마음은 그걸 분명히 가르고 있었던 것이다.

06.
격동의
1980's

'나기브'가 아니라 군 후배에게 쫓겨난 '나세르', JP

　박정희 대통령 서거 후 나는 김종필 총재를 도우면서 그의 측근 동료들과 함께 김 총재를 가리켜 '나기브에게 당한 나세르'라는 농담을 건네곤 했다. 그럴 때 김 총재는 "당신들 말 함부로 하는구먼." 하고 말했지만 싫지 않은 기색이었다. 왜냐, 나세르야말로 왕정을 무너뜨린 이집트 군사 혁명 최후의 승리자니까. 즉, 농담이었지만 나기브와 나세르에 대한 비유는 교묘하고도 속 깊은 의미가 숨어있었던 것이다.

1952년 7월, 이집트에서는 '자유장교단'이 카이로에서 파룩 왕정을 무너뜨리고 권력을 잡게 되었다. 나세르$^{Gamal\ Nasser}$는 대령으로서 이 자유장교단의 지도자였으나 내무장관으로 물러앉고 대중에게 알려져 있던 모하메드 나기브$^{Mohammed\ Naguib}$ 장군이 대통령 겸 수상 자리에 올랐다. 즉, 혁명을 주도한 나세르 대령은 초기에 나기브 장군에게 밀려났던 것이다. 그 후 치열한 권력쟁투 끝에 결국 나세르가 국가수반의 지위에 올라 이집트를 이끌었다.

5·16은 보기에 따라 여러 견해가 있을 수 있으나 거사를 실질적으로 주도한 세력은 김종필 총재가 속한 육사 8기생 그룹이었다. 그 육사 8기생 그룹을 이집트의 자유장교단으로 놓고 보면 그룹의 리더인 김종필과 나세르는 교묘하게 동열에 위치하는 것이다. 계급도 같은 대령급이고. 하나 다른 점은 나기브 장군은 혁명 초기에만 집권했지 그 다음부턴 나세르 천하였다는 것인데, 바로 그 점에서 이제 5·16의 나세르, 김종필이 집권할 것이라는 의미가 있었던 농담이 바로 '나기브에게 당한 나세르'였던 것이다.

그러나 결과적으로 그는 나세르가 되지 못했다. 그를 실질적으로, 그리고 결정적으로 쫓아낸 건 까마득한 후배, 전두환이었다.

박 대통령 서거 후 정승화 육군참모총장은 전두환 소장이 모종의 사건을 일으키고 싶어 들썩들썩 하고 있다는 기미를 채고, 그를 동해 경비사령관으로 보내려 하였다. 그냥 보내면 좌천 같으니 계급은 중장으로 한 단계 올려 모양새를 갖추었다. 그러나 이미 야심으로 가득 차 있던 전두환은 '내가 쫓겨나느니 한판 붙겠다.' 하고 군사 도발을 일으키며 치고 올라왔으니 이것이 12·12사태였다.

3김이 할거하던 정치판과 박 대통령 사후 활기를 띠던 사회 전체는 전두환의 깡패 같은 서슬과 탄압으로 그 빛을 잃었다. 김종필 총재는 집뒤짐까지 당한 끝에 부정축재 혐의로 구속되었고, 내가 신혼여행 때 둘러보기도 했던 그의 제주도 감귤 농장도 국가에 '자의반 타의반' 기증하였다.

정계 진출 제의를 거부하고

내가 잠시나마 김 총재를 돕던 사람들의 일원이었으니 전두환의 전횡이 내게도 그 사나운 기운을 미칠 수 있다고 생각했으나 그렇진 않았다. 아마도 워낙 처리하고 쳐내야 할 거물급들이 많다 보니 나 정도는 그의 안중에도 없었던 게 아닐까 싶다.

그러다 선거철이 오자 전두환 측에서 내게 묘한 제의를 해왔다. 내가 자란 경산에서 국민당으로 출마하지 않겠느냐는 것이었다. 당시는 한 선거구에서 두 사람이 선출돼 나오는 2인1구제 선거제였으므로 운용하기에 따라 국민당은 민정당의 2중대로 활용할 수 있었다.

국민당은 지금 한화그룹 김승연 회장의 백부가 당수였다. 그가 예전 자유당 의원이 되면서 국회의원은 겸업 금지라는 원칙에 따라 자신이 운영하던 기업을 동생에게 주었고 그것이 오늘날 한화그룹이 된 것이다.

나는 거절하였다.

그런 폭력적인 정치 상황에서는 정가에 발 들여놓을 생각이 없었다. 어지러운 시국에 정치하다 패가망신 당할 수도 있다는 건 주변 지인들의 경우만 봐도 비일비재했다. 그 패가망신의 주인공들은 아예 집도 없이 되어 가족이 생이별을 하기도 했다. 나는 차라리 아무것도 안 하고 '집에서 놀자', 싶었다. 그게 내 심지를 지키고 가족을 지키는 일이었다. 한 3년여 기간을 그렇게 무직으로 보내었다. 가장이 밥을 벌지 않고 세월이 흐르니 집안에 쌀이 떨어지는 것은 당연했다. 아내가 친척들에게 돈을 꾸기도 했다.

이즈음 지인들의 손길이 다가왔다. MBC가 대주주인 연합광고에 자리가 마련되었다. 당시는 한국광고공사에서 광고를 다 장악 배급하던 시절이었지만, 내 언론계 선후배들과 기업인들을 연결시키며

연합광고 사장 당시 캐나다 방문
언론계 선후배들과 기업인들을 연결시키며 연합광고 사장직을 무난히 수행할 수 있었다.

연합광고 사장직을 무난히 수행할 수 있었다. 광고 방송을 내보내는 집행처, MBC가 연합광고의 대주주였던 면도 유리하게 작용하였다.

이 시절 한 가지 특기할 건 언젠가부터 건물 밖에서 농성하는 소리와 운동가가 매일 들려왔다는 것이다. 『경향신문』—이때는 MBC 소유였으니 '문화경향'이라 했는데—그 문화경향 노조원들의 기싸움 소리였다.

『경향신문』 노조와 파란의 경영사

『경향신문』의 앞선 역사부터 살펴보자.

이승만 하야 후, 천주교에서 복간을 하자 이 신문사를 이준구라는 개인이 인수를 했다. 위탁 경영을 하다 수지타산을 맞춰본 다음, 이득이 있을 것 같으니까 아예 사버린 것이었다.

이걸 박정희 대통령 때 정보부장 김형욱이 빼앗아 버렸다. 『경향신문』이 재야적 성향의 전통을 갖고 있던 것이 눈엣가시로 작용했었나 보다. 김형욱은 『경향신문』을 빼앗은 대신 지금 미국 대사관의 이웃에 있던 허름한 건물과 빈터를 주었다. 그러나 건물이고 뭐고 이준구 사장이 반발하자 김형욱은 이 사장을 반공법 위반으로 구속해버렸다.

그 후 『경향신문』은 정부 기관지처럼 변하고 말았다. 정부 기관지를 누가 보나. 당연히 경영 악화가 왔다. 운영이 시원찮으니 1974년 MBC에 떠넘겨버렸다. 이것이 문화경향이다.

MBC로서도 적자투성이 미운오리새끼가 골치 아프니 얼마 후 『경향신문』을 시장에 내놓았다. 그러자 한화그룹에서 샀다가 다시 내놓았다. 한화는 신문을 인수해서 뭔가 상업적 이득을 취할 소비재 기업이 아니었다. LG가 사겠다고 나섰으나 『경향신문』 노조원들의 꽹과리 시위를 보고는 포기해버렸다.

그때 『경향신문』 사장이 내 친구였는데 그는 신문사를 위해, 그리고 거기 기자들을 위해 LG에 팔리기를 바랐지만 결국은 사주 없는 회사가 되고 말았다. 좋게 보면 독립 언론으로 내부 인원들끼리 재단을 만들어 사원주주로 운영하게 된 것이 지금까지 맥을 잇고 있지만 기자들 월급도 형편없고……. 얼마든지 더 클 수 있는 신문사였는데 안타깝다. 내가 한때 근무를 했던 신문사이고 보니 더욱.

"노태우 저거…… 천학비재(淺學非才)야!"

12·12사태 직후 노태우는 언론계에 있는 고등학교 동창들을 만나고 싶어 했다. 그는 경북고등학교 내 2년 선배였다. 나는 그렇게 알고 있었다.

그 겨울 신라호텔의 한 방에서 나와 권오기 선배, 내 고교와 정치학과 1년 후배인 남시욱, 그보다 더 아래 후배 송진혁 등이 노태우를 만났다. 나는 그날 눈이 와서 차가 미끄러지는 바람에 약속 시간보다 다소 늦게 방으로 들어갔다.

방 안에는 노태우와 내 선후배 외에 다른 한 명이 더 있었는데 알고 보니 그가 박준병이었다. 그는 12·12사태 멤버 중 전두환보다는 노태우 라인이었던 거다.

 6명이서 특별히 한 애기는 없다. 그건 애초 노태우 의도대로 여느 동창 모임과 다를 게 없었다. 목숨을 건 큰일을 성공시키고 나니 옛 애기 하며 긴장을 풀고 싶을 법했다. 혹은 앞으로 있을 권력 다툼에서 조금이라도 힘이 되어 줄 사람들을 미리 만나두려는 의도가 있었을 수도 있다. 그러나 아무려면 어떤가. 그저 잡담이나 나누는 자리인데.

 그 자리를 파하고 나서 우리 넷은 남시욱의 제의로 따로 한잔 더 하기로 하고 술집에 둘러앉았다. 그 자리에서 권오기 선배에게 남시욱이 물었다.

 "권 선배, 노태우하고 동기동창이라면서 왜 그렇게 서먹서먹해요?"

 권오기 선배가 말했다.

 "노태우 저거…… 전형적인 천학비재(淺學非才—학문이나 지식이 미숙하고 재능이 변변치 않음)야. 동창은 무슨 동창, 저거 대구 공업에서 기껏 전학 온 놈이야."

 노태우는 전두환보다 대구 공업학교 2년 선배인데, 그가 2학년 때쯤 대구지역의 상고나 공고에서 경북고등학교로 뒤죽박죽 편입해 들어온 사람들이 있었다. 학생들의 개인적인 사정보다는 당시 지방 교육편제가 그만큼 엉망인 탓이 컸다.

MBC 사장 취임

내가 연합광고 사장직을 내려놓고 한가하게 소일하고 있던 중에 MBC 사장으로 선출되었다는 통보가 왔다. 그건 보도국장 시절의 활동이 좋은 평가를 받은 결과일 것이다. 나는 그렇게 짐작을 했다.

MBC는 운영의 지속성을 위해 최석채 회장은 유임시키고, 사장과 전무이사엔 각각 나와 강성구 씨를 뽑아 진용을 정비하기 시작했다

그러나 그때 사정으로 방송국 사장은 그렇게 쉽게 될 수 있는 것이 아니었다. 우선 그 당시 노조에 상당한 영향력이 있었던 김대중 총재가 반대하고 나섰다. 그러자 김진배 의원이 그를 찾아가 물었다.

"총재님, 김영수 그 사람 알지 않습니까. 그렇게 반대할 사람이 아닙니다."

김 의원은 김대중 당시 총재의 저서 집필을 도울 정도의 측근이었다. 김대중 총재는 이렇게 대답했다고 한다.

"아, 물론 김영수 그 사람, 절대 반대할 인물이 아닌 건 나도 잘 알아요. 하지만 지금 대세가 그렇지 않소. 노 대통령 동창에다……

그리고 그보다는 최석채 씨가 문제예요. 그 사람이 회장으로 있는 한 나는 김영수 반대할 수밖에 없어요."

최석채 회장은 1955년 9월 『대구매일신문』 편집국장 시절 자유당 정권이 정치행사 때마다 학생들을 동원하여 학업에 지장을 주고 있으므로 「학도를 도구로 이용하지 말라」는 사설을 쓴 것이 필화가 되어 신문사는 백주에 테러를 당하고, 반공법 위반으로 구속까지 되었던 사람이다. 4·19 혁명 전, 1960년 3월 17일자에 그가 쓴, 3·15 부정선거를 규탄한 사설 「호헌구국운동 이외의 다른 방도는 없다」는 명논설이라는 평도 받았다.

이런 사람을 김대중 총재가 MBC 회장으로 부적격이라 한 이유는 아마도 최 회장이 5·16 장학회 이사장을 역임했고 박정희 대통령의 친구였다는 사실 때문이 아닐까 싶다. 5·16 장학회는 후일 정수장학회로 이름을 바꾸었고 MBC 지분의 30%와 『부산일보』 지분 100%를 소유하고 있다.

한데 내가 MBC 보도국장 재임 시에 최 회장과도 가깝게 지냈다곤 하지만 그건 한 회사 안에서 당연한 얘기이고 보면, 김대중 총재가 최 회장과 나를 어떤 궤로 함께 놓고 본 건지 난 지금도 알 수가 없다.

MBC 전직 사장단 기념사진
보도국장 시절의 활동이 좋은 평가를 받아서일까, 우여곡절 끝에 나는 MBC 사장으로 취임했다. (앞줄 왼쪽에서 세 번째)

김영삼 총재 쪽 반응은 김동영 의원을 통해서 들었다.

"우린 반대할 이유가 없지만 제때 취임하지 않으면 우리도 돌아설 수밖에 없어."

이 말도 요령부득이었다. 반대면 반대고 아니면 아닌 거지 조건부로 돌아서는 건 또 뭐란 말인가.

아무튼 그런 우여곡절 끝에 나는 MBC 사장으로 취임하긴 했다. 그런데…… 이번엔 MBC 노조에서 나를 반대하고 나섰다. 그 반대 대열의 맨 앞에는 보도국장 시절의 내 후배들도 다수 보였다. 그들은 내 출근을 막았다. 반대 시위는 점점 극렬해져 갔고, 그 임계점으로 치닫는 듯했다. 더 진행되면 공권력이 투입될 시점이었다.

착잡했다.

내 후배들이 경찰들에게 끌려가는 걸 어떻게 보나.

착잡했고 서운했다.

아마도 그들은 내가 대구경북, 소위 TK출신이라 같은 지역 출신 노태우 대통령의 낙하산쯤으로 여겼던 것일 게다. 하지만 과거 MBC에서 나는 보도국장으로서 열심히 일했다. 그뿐이다.

나는 결단을 내려야 했다.

그래, 내가 그만 둔다. 경위야 어찌됐든 나 때문에 너희들 잡혀가

MBC 사장 취임 반대 시위 당시 화면
나를 반대하고 나선 대열의 맨 앞에는 보도국장 시절의 내 후배들도 다수 보였다. 착잡했고 서운했다. 나는 결단을 내려야 했다.

는 꼴을 어떻게, 내가 어떻게 보겠냐.

나는 취임 3개월 만에 MBC 사장직을 사퇴하였다.

그때 노조원으로서 가장 극렬하게 반대 시위를 했던 후배 하나는 지금 수도권 지역의 국회의원이다. 소속 당은 새누리당. 시간의 아이러니로 돌리기엔 좀 씁쓸하지 않을 수 없다.

한국방송개발원장

MBC 사임 후 한국종합화학 이사장으로 있을 때 방송개발원장으로 자리를 옮기면 어떻겠냐는 제의가 왔다.

방송개발원은 방송자료 수집·연구와 방송계 인력 재교육 기관으로 그 얼마 전 발족되었는데, 초대 이사장에 강원룡 씨를 모시고 방송 각사 대표들이 비상임이사를 맡았다. 한데 당시 이사장과 원장

한국종합화학 이사장 당시
편하기로 말하면 한국종합화학 이사장 자리가 좋았지만, 기자근성이 몸에 밴 나는 언론계 언저리인 방송개발원 자리에 끌렸다. (오른쪽에서 두 번째)

이 한꺼번에 돌아가시는 일이 생겨 우선 원장부터 새로 맡을 사람이 필요했다.

편하기로 말하면 한국종합화학 이사장 자리가 좋았지만, 기자근성이 몸에 밴 나는 언론계 언저리인 방송개발원 자리에 끌렸다. 거기 2·3인자 격인 이사에 『조선일보』 출신 이주혁 씨와 MBC 출신 이영복 씨가 있는 점도 매력의 하나였다.

방송개발원장 당시
방송개발원은 방송에 필요한 모든 직종의 인재를 양성하는 곳이었고
그 결과는 참으로 보람되고 뿌듯했다.

그곳 업무는 방송전반에 걸친 연구와 개발은 물론, 방송에 필요한 모든 직종의 인재를 양성하는 것이었다. 즉 기자, PD, 아나운서, 카메라 기자, 카메라 기술자들을 교육하는 것이 주 업무였고, 곧 발족할 케이블 TV에 절대적으로 필요한 인력들도 길러내야 했다.

방송개발원 교육생들이 공중파 일부와 케이블 TV의 절대 다수 요원들로 배출된 것이 참으로 보람되고 뿌듯했다.

"우리가, 남이가!"—그래, 남이다

1992년 14대 대선 때 일이다.

김영삼 후보 측은 대선을 며칠 남기지 않았을 때, '초원 복집'이라는 부산의 한 음식점에 경남·경북 관료와 기관장들의 비밀회동을 가졌다. 경남인사와 경북인사가 지역주의를 부추기며 나눈 말이 바로 "우리가 남이가!"이다. 이 말은 그 선거기간 내내 영남지역에선 구호처럼 쓰였는데 그 효과는 놀라운 것이었다. 경북에서 그때까지 35.7%였던 김영삼 후보 지지율이 41.3%로 치솟았던 것이다. 김영삼 후보의 텃밭격인 부산 경남보다는 대구 경북지역 유권자의 지지를 끌어들이는 데 더할 수 없이 효과를 본 말이라 하겠다.

'우리가 남이가'라는 말은 원래 겸양의 의미가 담겨 있는 아주 좋은 말이었다. 어려운 일을 당한 사람이 친구나 이웃에게 도움을 받고 고마워서 어쩔 줄 몰라 할 때, 도움을 준 이가 그저 심상하게 '우리가 남이가' 한 마디 툭 던짐으로써 도움 받은 이의 마음 부담을 덜어주는 그런 말이었다. 영남 지역 특유의 인정과 의리가 담긴 그 아름다운 말을 지역주의 선거 구호로 탈바꿈시킨 것이었다.

그 말을 앞세워 선거에서 득을 본 김영삼 후보가 대통령이 된 후 제일 먼저 한 일이 권력 핵심과 그 주변에서 입이 부르트도록 외쳐댔던 그 '남이 아닌 우리'—경북 지역 인사를 축출·배제한 것이었다. 시쳇말로 뒤통수를 친 것인데……

나 역시 쫓겨났다. 가장 먼저 배제된 사람들 가운데 하나였다.

그때 나는 방송개발원 원장직을 2년째 맡고 있었다. 김영삼 대통령은 내가 정치부 기자 시절부터 안면이 있었고 유정회 의원을 하면서는 더 자주 보며 지냈던 사람이다. 나 혼자 생각인진 몰라도 어느 정도는 친분이 있었다고까지 말할 수 있었다. 그런데 대통령 취임한 지 얼마 지나지 않아서 그야말로 안면몰수, 방송개발원장 사표 가져오라는 통고가 느닷없이 왔던 것이다.

사실 방송개발원 원장쯤이야 최고 권력자 입장에선 누가 맡고 있으면 어떠랴. 하지만 바로 그렇기에 가장 먼저 메스를 들이대기도 쉬웠을 것이다. 이렇다 하게 힘 있는 반발도 할 수 없는 자리니까. 다른 요직의 TK인사들은 그렇듯 주변부를 정리한 후 손을 대는 게 편하고 안전했을 테니까.

그 후 나는 강서TV 대표도 지내고 두어 가지 사업을 하며 지내왔으나 그런 일들은 매우 사사로운 일이므로 생략하고자 한다. 이 책은 무엇보다 언론인으로서 내가 삶을 통해 겪어온 우리 현대사, 아주 일부이긴 하지만 내 삶으로 껴안고 온 그 현장들의 기록이라는 데 의미를 두었기 때문이다.

맺음말

나는 기자다. 기자(記者), 역사의 현장을 지키고 그 현장과 함께 숨을 쉬며 기록하는 사람.

언론계 현업에서 은퇴한 지 벌써 수십 년이나 되어 가지만, 나는 4·19혁명 직전 『연합신문』에 발 들여놓은 이래 지금까지 늘 기자로서 살아왔다. 비록 지금은 현역 시절처럼 생활할 수 없지만 후배 기자들이 기록하는 역사의 장면 장면들을 음미하고 그 이면을 가늠하는 데 소홀하지 않으려 노력한다. 그런 면에서 나는 지금도 언론인이라고 자부한다. 그 자부심은 세월이 가면서 오히려 더 꼿꼿하고 튼실해져 가는 느낌이다.

내가 대학을 졸업할 당시 시험을 쳐서 들어가는 업계는 단 두 군데였다. 하나는 은행, 또 하나는 신문사였다. 내 기억에 대기업은 시험을 치르지 않고 새 인원을 뽑았던 것 같다. 대기업 입사 시험에도 '고시'라는 말을 붙이는 요즘과 비교하면 격세지감이 일어나지 않을 수 없다.

순전히 내 힘만으로 문을 열고 들어간 신문사에서 청춘과 격동기가 한 덩어리 되어, 그 모든 사건 사고들을 지켜보며 달려온 지난 세월이 나는 다행스럽다. 그리고 이 나라가 보릿고개를 넘길 때 나와 내 집안 역시 그러했고, 이 나라 경제가 비약할 때 힘들었던 내 집안 형편도 나아져왔던 걸 생각하면 누구에게라도 떳떳하고 스스로가 대견해진다. 비록 파란만장했다거나 풍찬노숙의 투사적 삶을 산 것도 아니고 종교나 학문적으로 큰 위업을 세운 것도 아니지만 그만 했으면 내 살아온 나날도 나름 깨끗하고 알찼다는 생각이 드는 것이다.

내핍생활을 강요한 일제 강점기부터 고학을 거듭했던 학창시절과 내가 발로 뛰며 기록해온 우리 현대사 이야기를 틈틈이 내 아들딸 3남매에게 들려주곤 했다. 차남인 세의가 유난히 흥미 있게 듣고 질문도 많이 했는데, 그 역시 정치학과를 나와 지금 기자의 길을 걷고 있다.

그렇듯 같은 길을 걸어서였을까.

지난 5년 남짓한 동안 세의는 줄곧 내게 이런 제안을 하며 졸라대었다.

"아버지가 겪어온 세월은 그대로 우리 현대사고 알려지지 않은 정치 비사도 많습니다. 이대로 세월이 가면 그게 묻히고 말잖아요. 그건 개인적인 손실을 넘어서는 소중한 사료 유실이에요. 더 늦기 전에 기록으로 남겨야 됩니다."

내 입장에서는 망설여지지 않을 수 없었다. 내가 과연 책을 낼 정도로 성공한 인생을 살았던가 싶은 자괴감도 들었고, 나를 공개적으로 드러낸다는 게 부끄럽기도 했다. 하지만 세월은, 일상을 흘러가는 나날들은 사람의 기억도 녹슬게 하질 않는가. 그것은 날이 갈수록 심해져 간다. 그런 느낌을 강하게 받곤 했다. 더 늦기 전에 나는 결단을 내려야 했다.

"그래, 기억이 이 정도일 때라도 내가 아는 얘기, 내가 겪어온 사실들을 기록해보자. 그것이 언론계뿐 아니라 광범한 의미에서의 후배 세대에게 도움이 되는 길일 수도 있다."

나는 이렇게 스스로를 추스르며 펜을 들었다. 쓰는 도중 가슴 벅찰 때도 있었고 지난 세월에 대한 아쉬움도 많이 일었다. 그만둘까도 싶었다. 그러나 그때마다 도서관이나 기념관, 신문사 등으로 관련 자료와 사진을 수집해오는 아들을 생각하며 다시 힘을 내곤 했다.

이제까지의 내 삶에서 깊은 회한은 없으나, 다만 한 가지, 부모님께 효도를 다 하지 못한 것이 못내 마음에 걸린다. 특히 아버님께는 효도는커녕 함께 한 기억 자체가 거의 없어 더욱 안타깝다.

아버님이 겨울에 봉천에서 오셔서는 나와 형에게 자주 '다리를 두드리라'고 하셨는데 그 머나먼 곳에서 열악한 교통편으로 오시려면 아마도 다리품을 엄청나게 파셨을 것이다. 그 춥고 힘든 걸음길에서 아버님은 무슨 생각을 하셨을까. 아무리 어렸어도 더 열심히 두드려 드릴 걸……. 어린 마음에 아버님의 그 단단한 다리를 안마하자니 힘이 들고 아버님이 어려워 어서 자리를 뜨고 싶었다. 열심히 해드리지 않았던 것이다.

그러고 보면 이 책은 막내아들 세의가 우리 현대사의 궤적을 달려온 내 다리를 잠시 두드려 준 안마와도 같은 것이란 생각도 든다. 그것도 예전 나와는 달리 아주 열심히.

짧지 않은 세월을 살아왔으니 그동안 신세진 사람이 한둘 아니고 좋게 기억해야 할 사람 역시 많이 있다. 그러나 나는 지금 내가 해야 할 그 모든 감사의 말들을 모아서 오직 한 사람에게 전하고 싶다. 그 사람은 내가 당당한 노년을 맞도록 해주었다. 그 사람은 나도 지키지 못한 내 어머니의 임종을 지켜드렸다. 어머니는 교회에 간 그 사람이 돌아오길 기다렸다가 "어머님 교회 다녀왔어요." 하고 여쭙자 그 길로 운명하셨다 한다. 나와 50년 가까이를 함께 해준 그 사람— 아내에게 고마운 마음을 전한다.

여보, 고맙소. 당신이 아니었으면 힘들었을 거요.

바야흐로 수명 100세 시대라고 한다.
내 앞엔 여전히 힘차게 뻗어나간 삶의 길이 창창하다. 그 길에서, 이 책은 지나온 여로를 잠시 돌아보는 쉼표와 다르지 않다.
자, 이제 책이 나왔으니 쉼표를 그만 거두어야겠다.
붉고 신선한 아침 해가 떠오른다. 신발 끈을 고쳐 매고, 더 힘차게, 더 즐겁게 인생 2기의 새로운 출발선 앞에서 나는 저 아침 해를 맞을 것이다.
나는 지금 일출봉 위에 서 있다.

대한민국 기자
격동의 현장을 되돌아보며

초판 1쇄 발행 2015년 4월 28일
초판 4쇄 발행 2020년 3월 19일

지은이 김영수
펴낸이 최윤혁

펴낸곳 (주)세계사 컨텐츠 그룹
주소   06071 서울시 강남구 도산대로 542 우산빌딩 8, 9층
문의   plan@segyesa.co.kr
홈페이지 www.segyesa.co.kr
출판등록 1988년 12월 7일(제406-2004-003호)
인쇄·제본 현문

ⓒ 김영수, 2015, Printed in Seoul, Korea

ISBN 978-89-338-7061-7 (03810)

- 책값은 뒤표지에 표시되어 있습니다.
- 이 책 내용의 전부 또는 일부를 재사용하려면 반드시 저작권자와 세계사 컨텐츠 그룹 양측의 서면 동의를 받아야 합니다.